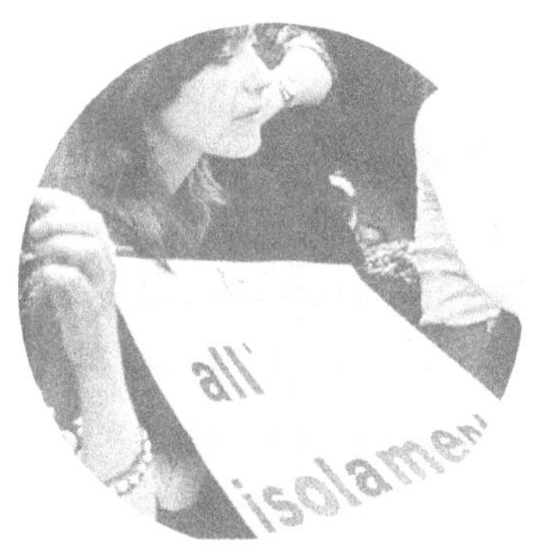
all'
isolamen

postmedia ● UNI

In collaborazione con

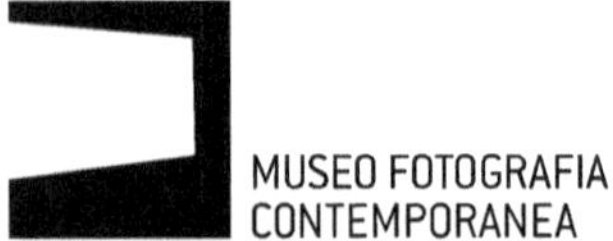

MUSEO FOTOGRAFIA
CONTEMPORANEA

*Con il supporto scientifico di FAF, Centro di Ricerca -
Fotografia Arte Femminismo/Università di Bologna*

CENTRO DI RICERCA

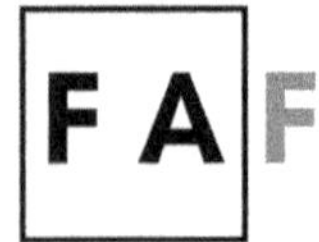

Nel 2020, l'anno che il Comune di Milano ha dedicato ai
talenti delle donne, il Museo di Fotografia Contemporanea di
Milano-Cinisello Balsamo ha organizzato una giornata di studio
curata da Cristina Casero e introdotta da Giovanna Calvenzi,
seguita da un dibattito animato da alcune delle protagoniste
di quella vivace stagione in dialogo con autrici più giovani.
Da questa occasione di confronto sono scaturite le riflessioni
raccolte in questo volume, incentrate sul ruolo centrale
giocato, sin dagli anni Settanta, dal medium fotografico il
quale, in mano alle donne, diventa uno strumento privilegiato
di rispecchiamento, indagine critica, testimonianza.

La registrazione video integrale è disponibile sul sito del
Museo di Fotografia Contemporanea:
www.mufoco.org/convegno-fotografia-e-femminismo

*Fotografia e femminismo nell'Italia degli anni Settanta.
Rispecchiamento, indagine critica e testimonianza*
a cura di Cristina Casero

© 2021 Postmedia Srl, Milano
www.postmediabooks.it
ISBN 9788874903023

Fotografia e femminismo
nell'Italia degli anni Settanta.
Rispecchiamento, indagine critica e testimonianza

a cura di Cristina Casero

postmedia●books

Giovanna Calvenzi, *Donne con le donne*

Paola Agosti
Isabella Balena
Marina Ballo Charmet
Liliana Barchiesi
Marcella Campagnano
Paola Di Bello
Bruna Ginammi
Silvia Lelli
Marzia Malli
Paola Mattioli
Donata Pizzi
Agnese Purgatorio
Livia Sismondi

Fotografe al Museo

Gabriella Guerci

Do women have to be naked to get into the Met. Museum?
Less than 5% of the artists in the Modern Art sections are
women, but 85% of the nudes are female.
Guerrilla Girls, *Get Naked*, 1989

Di strada ne è stata fatta tanta, ma molta ne resta ancora da percorrere.

All'interno delle collezioni del Museo di Fotografia Contemporanea, che datano dal secondo dopoguerra ai giorni nostri e si sono costituite in larga parte attraverso donazioni, depositi, committenze e, in minor misura, tramite acquisizioni dirette, su 1280 autori attualmente inventariati e catalogati, 192 sono donne, con una percentuale all'incirca del 15%.

Un dato di per sé già significativo, ma che ci dice ancora poco se non proviamo a declinarlo sulla linea del tempo.

È riconosciuto che sono gli anni Sessanta e più decisamente i Settanta che vedono l'ingresso delle donne nel mondo della fotografia e della professione. Sono gli anni delle grandi rivoluzioni sociali, culturali e politiche, lì fuori c'è un Paese in deciso e violento cambiamento, percorso da lotte, manifestazioni, diseguaglianze sociali e il racconto si fa immediatamente urgente, ma c'è anche una presa di coscienza di genere e, insieme ai diritti da rivendicare, si fa strada il bisogno di costruirsi una nuova identità e di rappresentarla con uno sguardo altro. E la fotografia sembra diventare lo strumento più naturale ed efficace per dar voce a tutte queste istanze.

Al Museo ce lo racconta soprattutto la collezione di Lanfranco Colombo, donata alla Regione Lombardia e conservata nei nostri archivi ancor prima dell'apertura al pubblico del Museo. Lanfranco Colombo ha fondato a Milano la prima galleria dedicata interamente alla fotografia, Il Diaframma (1967-metà anni Novanta), ha diretto dal 1966 la rivista *Popular Photograghy Italiana*, è stato operatore culturale e collezionista: ha il grande merito di aver dato voce alla fotografia italiana e di averla tenuta aggiornata con quanto avveniva nel frattempo all'estero, soprattutto negli Stati Uniti. Nel fondo fotografico giunto al Museo, su 925 autori rappresentati, 121 sono donne e coprono un arco cronologico di oltre quarant'anni che va da Ghitta Carell e Marcella Pedone (anni Cinquanta) alle giovani Isabella Balena e Bruna Ginammi (primi anni Novanta), passando attraverso i lavori di fotografe attive negli Stati Uniti come Eva Rubinstein, Mary Ellen Mark, Mariette Pathy Allen, Nina Glaser. Ma è la fotografia italiana degli anni Settanta-primi anni Ottanta ad essere la meglio documentata attraverso le protagoniste del reportage e della fotografia sociale, le interpreti di una ricerca più intima sull'identità, il corpo, la sfera privata, la memoria e le relazioni o in parte anche

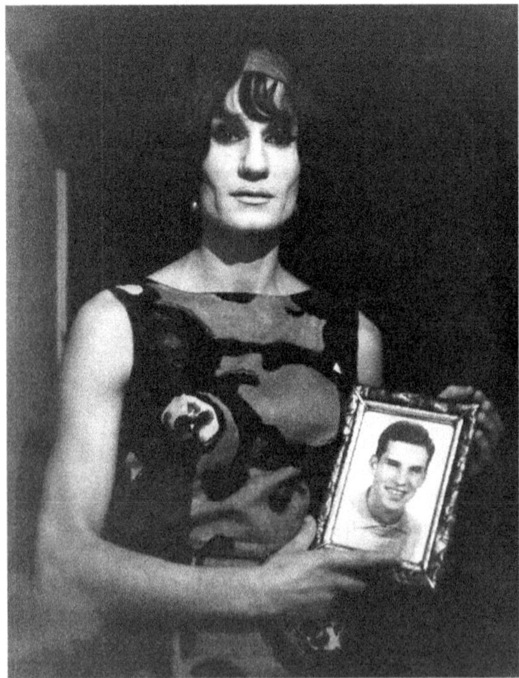

Lisetta Carmi, dalla serie *I travestiti*, Genova 1969-1970

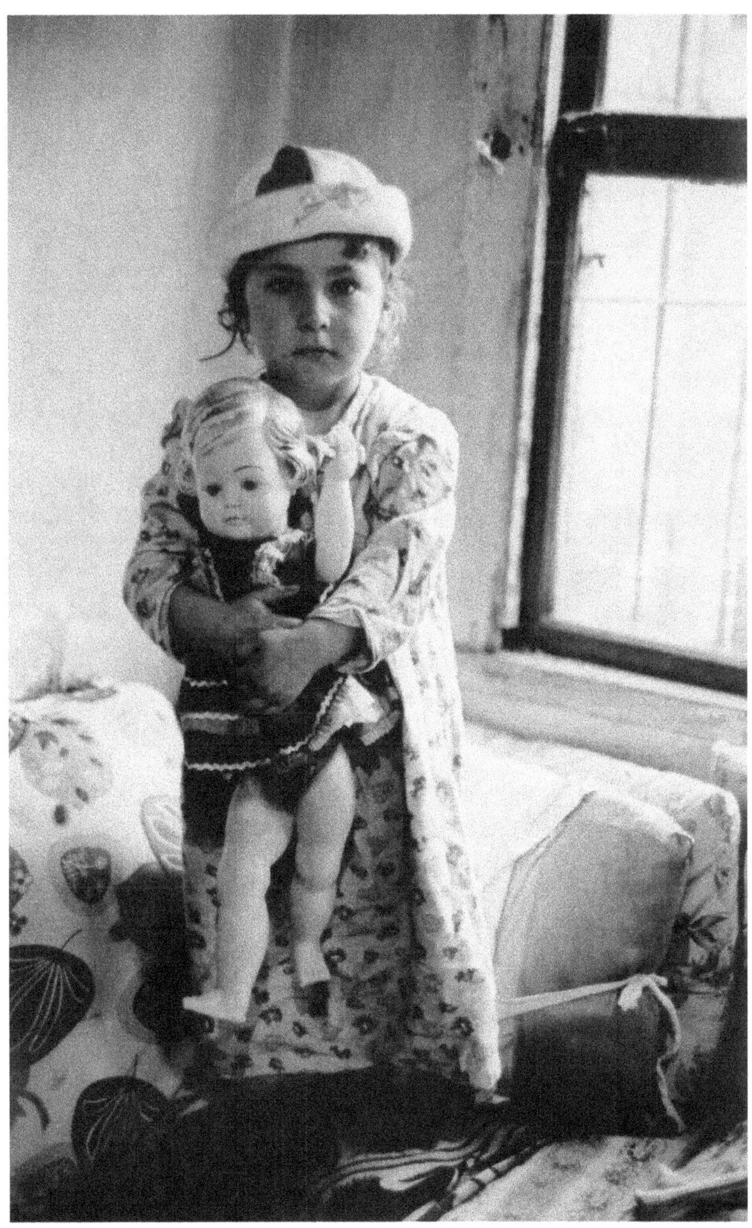

Mary Ellen Mark, *Child*, 1965 ca.

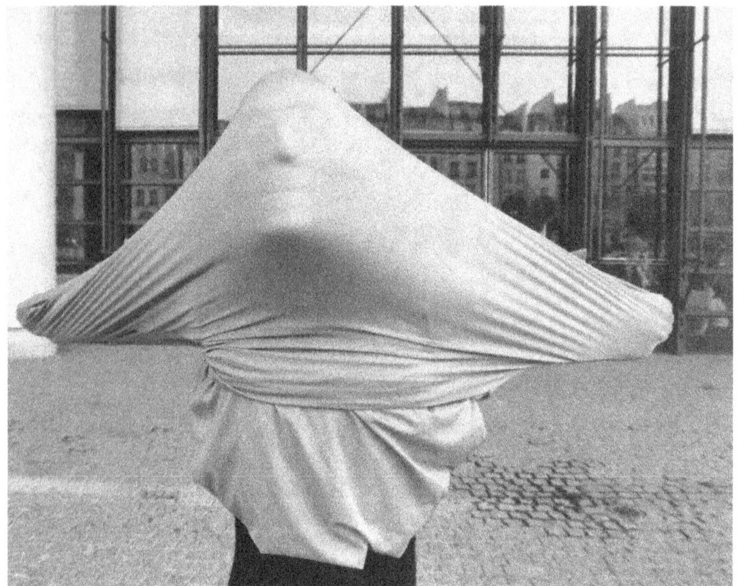

Giuliana Traverso, *Francisco Copello*, Parigi 1972

impegnate in indagini più sperimentali e concettuali sul *medium*. Troviamo, tra le fotografe catalogate, Paola Agosti, Letizia Battaglia, Lisetta Carmi, Elisabetta Catalano, Carla Cerati, Augusta Conchiglia, Maria Vittoria Corradi Backhaus, Ketty La Rocca, Paola Mattioli, Verita Monselles, Antonia Mulas, Maria Mulas, Cristina Omenetto, Marialba Russo e, ancora, Patrizia Della Porta, Silvia Lelli, Giuliana Traverso. Uno spaccato molto interessante, ancorché lacunoso, della fotografia fatta dalle donne in quegli anni in Italia.

Se proviamo poi ad analizzare quantitativamente, in base al genere, le presenze autoriali all'interno dei lavori di committenza conservati o promossi dal Museo, i numeri ci confermano che il vero processo di affermazione e di accreditamento delle donne parte dagli anni Novanta del secolo scorso: una decisa crescita di interesse da parte delle istituzioni e della critica nei confronti della produzione

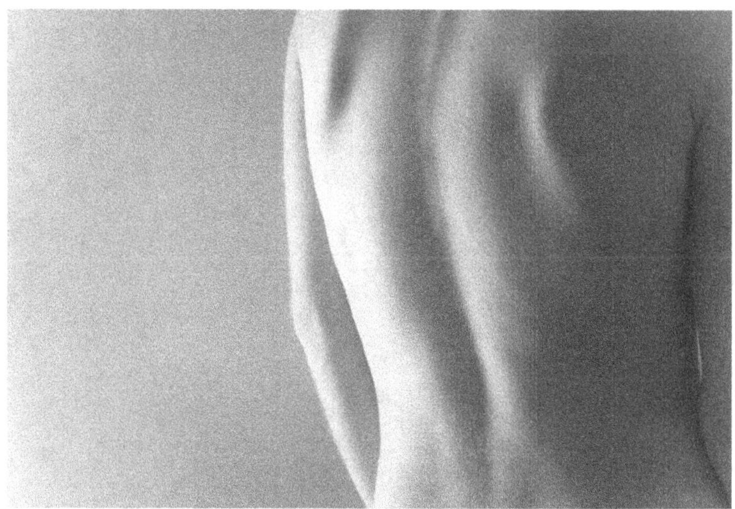

Eva Rubinstein, *John's Back*, 1978

di fotografe e artiste (e più in generale della fotografia stessa), la capacità delle interpreti di farsi strada in maniera consapevole in tutti i generi della fotografia, da quella umanistica e di reportage, al ritratto, alla fotografia di paesaggio inteso in senso sempre più ampio, alla fotografia concettuale e di ricerca, e di diventare protagoniste della scena culturale sia in Italia che all'estero[1].

Se in *Viaggio in Italia*, il progetto collettivo di Luigi Ghirri del 1984, diventato in seguito il manifesto della Scuola italiana di paesaggio, su venti fotografi invitati soltanto due sono donne, e peraltro straniere, Shelley Hill e Cuchi White, in *Archivio dello spazio*, il grande progetto pubblico della Provincia di Milano sui beni ambientali e architettonici del territorio provinciale durato dal 1987 al 1997 per la cura di Achille Sacconi e Roberta Valtorta, su 58 fotografi incaricati, 8 sono donne: Marina Ballo Charmet, Bruna Biamino, Paola De Pietri, Mara Piccinini, Bruna Orlandi, Paola Pagliuca, Ippolita Paolucci, Cuchi White.

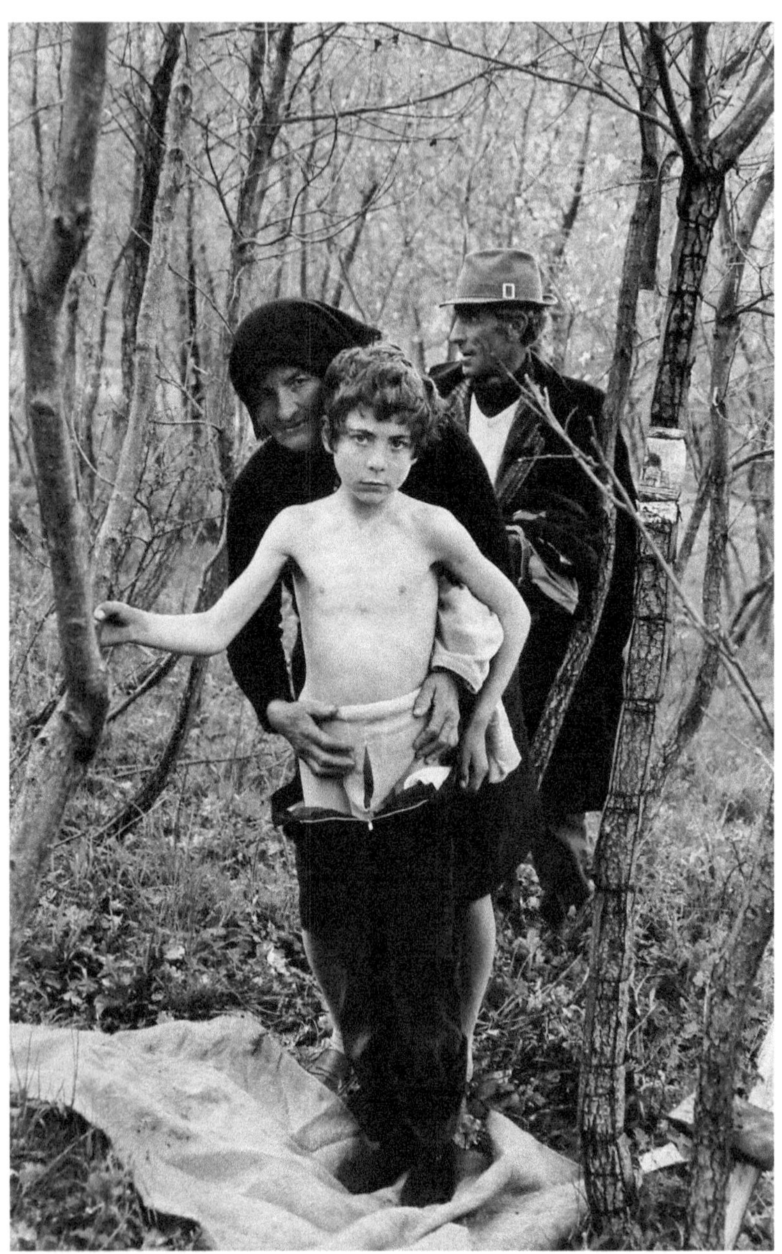

Marialba Russo, *Il Passaggio*, 1979

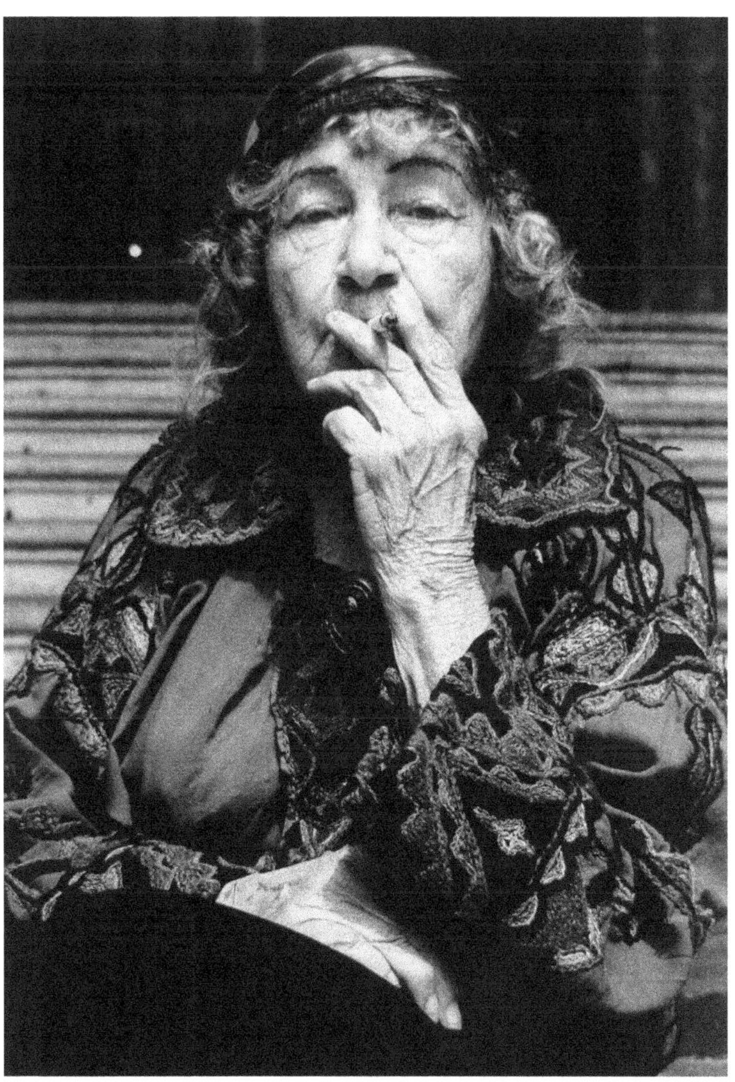

Maria Mulas, *Marevna*, Roma 1980

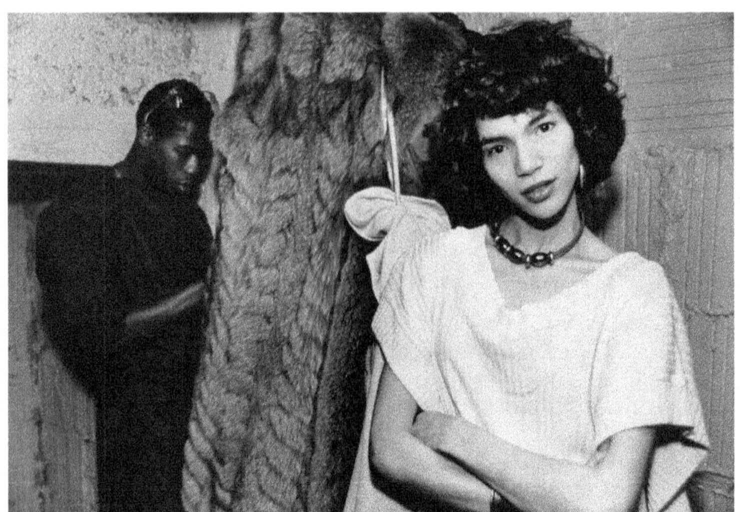

Mariette Pathy Allen, *Harlem Drag Ball*, 1984

Tra le prime committenze avviate dal neonato Museo di Fotografia Contemporanea, ideate agli inizi degli anni Duemila da Roberta Valtorta in qualità di Direttore scientifico del Museo e sempre più connotate come liberi progetti di ricerca, si segnalano *Idea di metropoli* (2002) con la partecipazione di Paola Di Bello, Roberta Orio e Cristina Zamagni nel gruppo degli otto giovani artisti incaricati e *Storie immaginate in luoghi reali* (2007), una committenza a otto artisti italiani ed europei, che vede la presenza di Paola De Pietri, Jitka Hanzlová, Alessandra Spranzi[2].

In anni più recenti, la linea di committenza rivolta a fotografi e operatori visuali under 35-40, finalizzata al sostegno della creatività giovanile e allo sviluppo della cultura fotografica contemporanea, attivata soprattutto attraverso open call e call for projects curate da Matteo Balduzzi, ha registrato una partecipazione femminile oscillante tra il 30% per il censimento *Atlante Architettura*

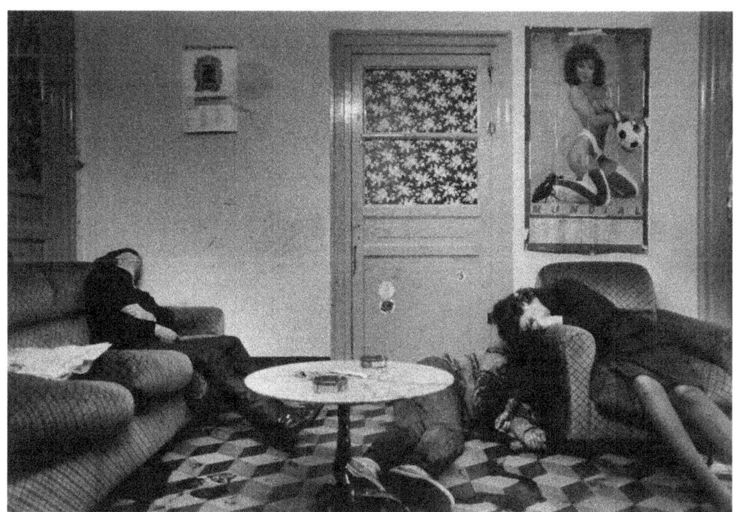

Letizia Battaglia, *Palermo. Lei si chiamava Nerina (Triplice omicidio a Piazza Sant'Oliva)*, 1982

Contemporanea promosso dalla Direzione Generale Creatività Contemporanea del Ministero della Cultura (2019) che ha visto al lavoro sulle architetture italiane del Novecento, tra i selezionati, Allegra Martin, Marina Caneve e Flavia Rossi, il 45% per il progetto *Abitare. Sguardi sul paesaggio fisico e sociale dell'Italia di oggi* (2017-2018) che ha consentito lo sviluppo dei progetti di ricerca presentati da Francesca Cirilli, Viola Castellano con Saverio Cantoni, Gloria Guglielmo con Marco Passaro e Rachele Maistrello, fino al 50% nel caso delle due Call *Refocus* (2020) attivate insieme al Ministero della Cultura per la costituzione di un archivio visivo della pandemia, che ha selezionato e premiato i lavori di Arianna Arcara, Ilaria di Biagio, Giulia Iacolutti, Camilla Piana, Benedetta Ristori, Alba Zari, Ilaria Tariello con Alessandro Calabrese, Mara Callegaro, Sofiya Chotyrbok, Giulia De Gregori, Claudia Orsetti, Nunzia Pallante, Claudia Petraroli, Claudia Sinigaglia[3].

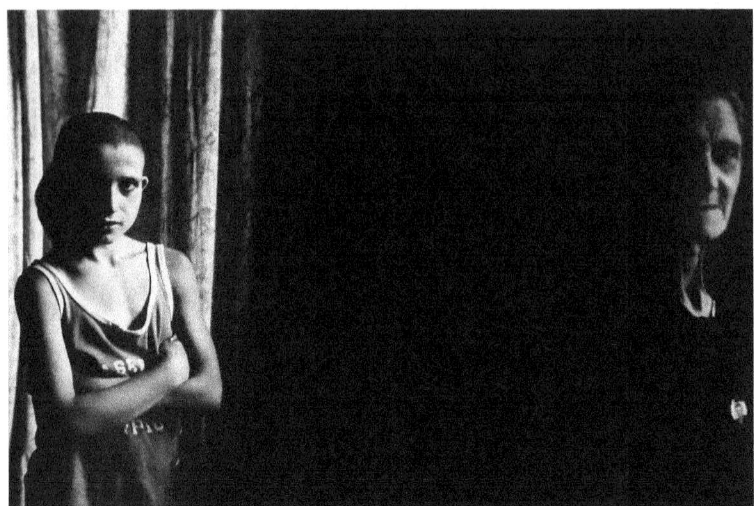

Marialba Russo, *Epifanie*, Napoli 1982

Numeri che fanno ben sperare che la questione di genere possa dirsi sdoganata nella sfera della fotografia contemporanea, perlomeno in quanto ad accesso, ma che da soli non assolvono alla necessità di ricerca, scavo, studio sistematico e valorizzazione che l'ambito della produzione artistica delle donne reclama.

Negli anni il Museo aveva già dato vita a specifiche iniziative di studio[4] e di valorizzazione legate alla fotografia delle donne, anche promuovendo esposizioni di artiste internazionali come Candida Hoefer, Tracey Moffatt, Karen Knorr, Nan Goldin[5] o delle italiane

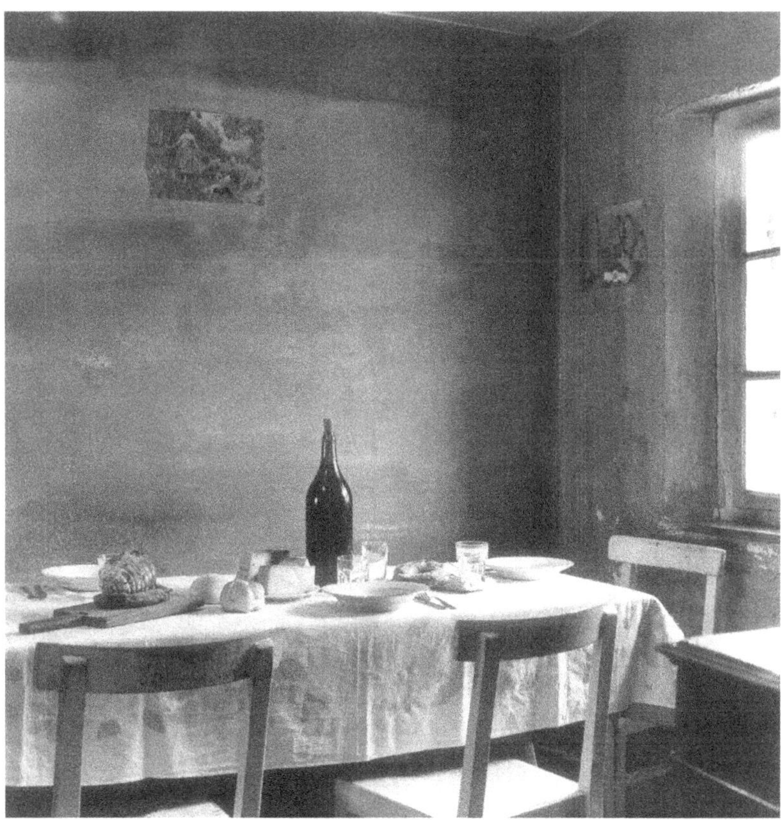

Antonia Mulas, *Interni*, 1982-1985

Marina Ballo Charmet e Paola de Pietri, accanto alle esponenti delle più giovani generazioni come Moira Ricci e Arianna Arcara[6], fino alla presentazione in Triennale della collezione al femminile di Donata Pizzi nella mostra *L'altro sguardo. Fotografie italiane 1965-2015*, a cura di Raffaella Perna, accompagnate dall'installazione multimediale *Parlando con voi*, trenta videointerviste ad altrettante fotografe contemporanee, e da momenti di dialogo e confronto con alcune delle protagoniste della collezione[7].

L'esigenza di capire meglio quel grumo di anni, i Settanta, che hanno funzionato da detonatore per l'ingresso delle donne nel mondo della fotografia, della comunicazione e dell'arte, i semi piantati dal femminismo, la questione di genere nella storia dell'arte, l'esistenza di uno sguardo sessuato, da un lato e, dall'altro, la volontà di continuare a stimolare lo studio delle collezioni del Museo, mettendole a disposizione di studiosi, ricercatori e studenti anche attraverso il nuovo motore di ricerca, nonché di valorizzare e promuovere le autrici presenti, hanno fatto sì che, dall'incontro con Cristina Casero e dal confronto con Giovanna Calvenzi, nascesse il convegno di cui questa pubblicazione promossa da Postmedia Books raccoglie i contributi.

Cristina Casero ha scritto e moderato il programma degli interventi di studio e ne ha declinato contesto culturale e ragioni teoriche; Giovanna Calvenzi ha dialogato con le fotografe invitate alla tavola rotonda, alcune protagoniste dirette di quella stagione, altre che del portato e delle conquiste del femminismo hanno vissuto l'onda lunga, tutte presenti nelle collezioni del Museo e tutte che hanno scelto la fotografia come modo per guardare a sé e al mondo e come mezzo di espressione.

Desidero ringraziare proprio tutte:
Cristina Casero, Linda Bertelli, Lara Conte, Elena Di Raddo, Laura Iamurri, Lucia Miodini, Federica Muzzarelli, Raffaella Perna, Giovanna Calvenzi, Paola Agosti, Isabella Balena, Marina Ballo Charmet, Liliana Barchiesi, Marcella Campagnano, Paola Di Bello, Bruna Ginammi, Silvia Lelli, Marzia Malli, Paola Mattioli, Donata Pizzi e Agnese Purgatorio.

Come spesso accade, da cosa nasce cosa.
Dal convegno è nato questo libro.
Anche a partire dallo scambio e dagli stimoli emersi durante i lavori preparatori tra le studiose intervenute è stato costituito un gruppo di ricerca interuniversitario (Parma, Bologna, Catania, Roma Tre) dedicato a "Fotografia Arte Femminismo".

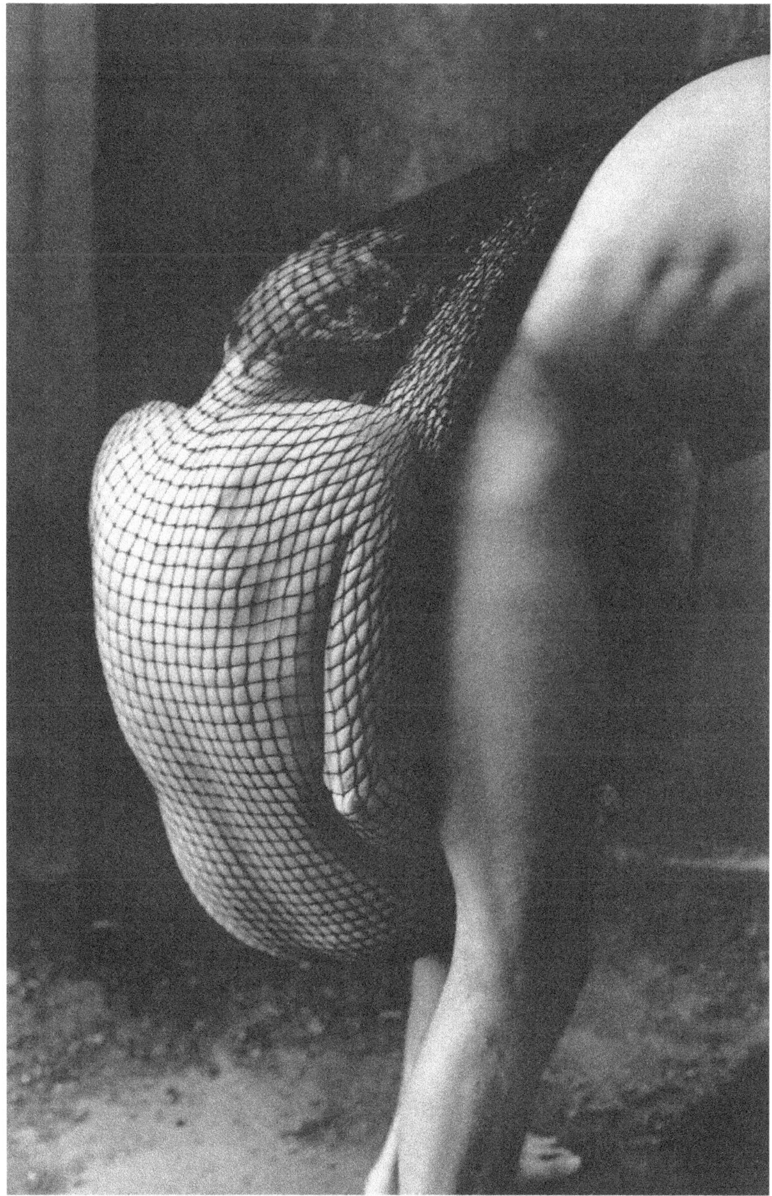

Nina Glaser, *Senza titolo*, anni Ottanta

Tutte le fotografie pubblicate in questo testo provengono dal fondo fotografico
Lanfranco Colombo - Regione Lombardia / Museo di Fotografia Contemporanea,
Milano-Cinisello Balsamo

Dal dialogo con le fotografe presenti ha preso corpo la donazione al Museo di Fotografia Contemporanea delle fotografie del Collettivo Donne Fotoreporter (Liliana Barchiesi, Kitti Bolognesi, Giovanna Calvenzi, Marisa Chiodo, Marzia Malli, Laura Rizzi, Livia Sismondi e Chiara Visconti), in particolare quelle relative al progetto *I ruoli* del 1978 e alla mostra *Una nessuna centomila* del 1979, caratterizzate da pratiche di lavoro collettive e dalla provocatoria messa in scena dei ruoli stereotipati tradizionalmente affibbiati alle donne da una persistente cultura patriarcale. E sono state gettate le basi per interventi di restauro conservativo su opere appartenenti al patrimonio museale, per un piano di studio approfondito e di catalogazione delle fotografe presenti nel fondo Lanfranco Colombo nonché per future acquisizioni.

Semi che daranno fiori e frutti.

1. Leonardi Nicoletta (a cura di), *L'altra metà dello sguardo. Il contributo delle donne alla storia della fotografia*, Torino, Agorà Editrice, 2001 (atti del convegno "L'altra metà dello sguardo", a cura di N. Leonardi e R. Spitaleri, Torino, 4 dicembre 1988).

2. Valtorta Roberta (a cura di), *Idea di metropoli*, fotografie di Ezio Colanzi, Paola Di Bello, Francesco Jodice, Tancredi Mangano, Roberto Marossi, Roberta Orio, Marco Signorini, Cristina Zamagni, catalogo della mostra (Cinisello Balsamo, Villa Ghirlanda), Cinisello Balsamo, Silvana Editoriale, 2002; Valtorta R. (a cura di), *Storie immaginate in luoghi reali,* documentario di Meris Angioletti e Angelo Boriolo, musiche di Angelo Bonazzo, fotografie di Andrea Abati, Olivo Barbieri, Paola De Pietri, Gilbert Fastenaekens, Vittore Fossati, Jean-Louis Garnell, Jitka Hanzlovà, Alessandra Spranzi, Museo di Fotografia Contemporanea, 2007, DVD 46'.

3. Una significativa presenza femminile hanno registrato anche i progetti collettivi pensati per gli spazi pubblici realizzati attraverso l'attivazione di dinamiche partecipative come *Art around_Immagini per lo spazio pubblico* (2011) − installazioni site-specific nei luoghi della cultura del Nord Milano - e *Urban Layers_Identity Flows* (2015-2017) − residenze d'artista presso la Fondazione Orestiadi di Gibellina e fotofestival urbani nelle città di Malaga, Lecce e Salonicco - attraverso i quali hanno visto rispettivamente la luce i progetti delle giovanissime Giulia Ticozzi, Rachele Maistrello e Simona Di Meo; Federica Bardelli con Alex Piacentini, Angelica Dass, Anne Euler, Gloria Oyarzabal, Alessia Rollo e Ekaterina Vasilyeva. Per un approfondimento si rimanda a: Balduzzi M. − Buzzi C. (a cura di), *Art Around. Immagini per lo spazio pubblico*, installazioni di Daniele Ansidei, Fabrizio Bellomo, Matteo Girola, Simona Di Meo, Rachele Maistrello, Nicola Nunziata, Alessandro Sambini, Giulia Ticozzi, Cinisello Balsamo, Museo di Fotografia Contemporanea, 2013; Balduzzi M. (a cura di), *Identity Flows. Visual Routes Across The Mediterranean*

Sea, fotografie di Adrian Paci, Federica Bardelli e Alex Piacentini, Claudio Beorchia, Angelica Dass, Simone Sapienza, Zamir Suleymanov, Stratis Vogiatzis, Carlos Alba, Fabrizio Albertini, Dario Bosio, Giorgio Di Noto, Anne Euler, Jorge Fuembuena, Gloria Oyarzabal, Alessia Rollo, Ekaterina Vasilyeva, Fabrizio Vatieri, catalogo della mostra (Milano, Triennale), Cinisello Balsamo, Silvana Editoriale, 2017.

La Call for projects *Abitare*, rivolta a fotografi e artisti italiani under 35 e che ha registrato 303 domande di partecipazione, ha avuto esito nella mostra *Abitanti. Sette sguardi sull'Italia di oggi*, a cura di Matteo Balduzzi (Milano, Triennale, 2018), fotografie di Dario Bosio, Saverio Cantoni e Viola Castellano, Francesca Cirilli, Gloria Guglielmo e Marco Passaro, Rachele Maistrello, Tommaso Mori e Flavio Moriniello. Gli esiti della Call *Atlante*, rivolta a fotografi professionisti di architettura under 40 (240 partecipanti), e delle due Call *Refocus*, per fotografi, artisti ed operatori visivi italiani under 40 (414 partecipanti), vedranno la luce nell'autunno 2021 in due mostre in Triennale accompagnate da catalogo.

4. Olivares Alessandra, *Corpi di moda. Deborah Turbeville, Bettina Rheims, Vanessa Beecroft*, Vincitore del premio Paolo Costantini per la saggistica sulla fotografia, Quaderni di Villa Ghirlanda n. 9, Cinisello Balsamo, Museo di Fotografia Contemporanea, 2012.

5. Schlüter Maik (a cura di), *Candida Hoefer. Fotografie 2004-2005*, catalogo della mostra (Kestner Gesellschaft di Hannover, Museo di Fotografia Contemporanea di Milano-Cinisello Balsamo), Schirmer Mosel editore, 2004; *Tracey Moffatt. Between dreams and reality*, mostra a cura di Filippo Maggia, Milano, Spazio Oberdan, 2010 (Maggia F. (ed. italiana a cura di), *Tracey Moffatt. Between dreams and reality*, Milano, Skira, 2006); *Karen Knorr. Favole*, mostra a cura di

Roberta Valtorta, in collaborazione con Galerie Les Filles Du Calvaire (Paris), Cinisello Balsamo, Museo di Fotografia Contemporanea, 2010; *Nan Goldin. The Ballad of Sexual Dependency*, installazione a cura di François Hébel, Milano, Triennale, 2017.

6. *Paola De Pietri. Io parto*, mostra diffusa a cura di Roberta Valtorta, Cinisello Balsamo, luoghi pubblici, 2007; *Paola De Pietri. To Face*, mostra a cura di Roberta Valtorta, Milano, Triennale, 2013 (De Pietri Paola, *To Face*, Steidl, Gottingen, 2012); Scardi G. – Valtorta R. (a cura di), *Marina Ballo Charmet. Il parco*, catalogo della mostra (Milano, Triennale), Milano, Edizioni Charta, 2008; De Cecco E. (a cura di), *Moira Ricci. Capitale terreno*, catalogo della mostra (Milano, Spazio Oberdan), Cinisello Balsamo, Silvana Editoriale, 2015; *Carte de Visite. Un album fotografico di quartiere*, mostra a cura di Roberta Pagani, fotografie di Arianna Arcara, Cinisello Balsamo, Museo di Fotografia Contemporanea, 2020.

7. L'installazione multimediale *Parlando con voi*, che trae ispirazione dall'omonimo libro di Giovanna Chiti e Lucia Covi (Danilo Montanari Editore, 2013) è stata realizzata da AFIP International e CNA Professioni con Superstudio Group e Metamorphosi Editrice. AFIP International e CNA Professioni, in collaborazione con Mufoco e Triennale, ha organizzato anche le tre *Lectio magistralis* con le fotografe Gea Casolaro, Raffaela Mariniello e Sara Rossi in dialogo con Lea Mattarella (27.10.2016), Marina Ballo Charmet, Paola Di Bello e Paola Mattioli in dialogo con Francesca Pasini (24.11.2016), Isabella Balena, Elena Givone e Francesca Volpi in dialogo con Francesco Battistini (15.12.2016).

Perna Raffaella (a cura di), *L'altro sguardo. Fotografe italiane 1965-2015*, catalogo della mostra (Milano, Triennale), Cinisello Balsamo, Silvana Editoriale, 2016.

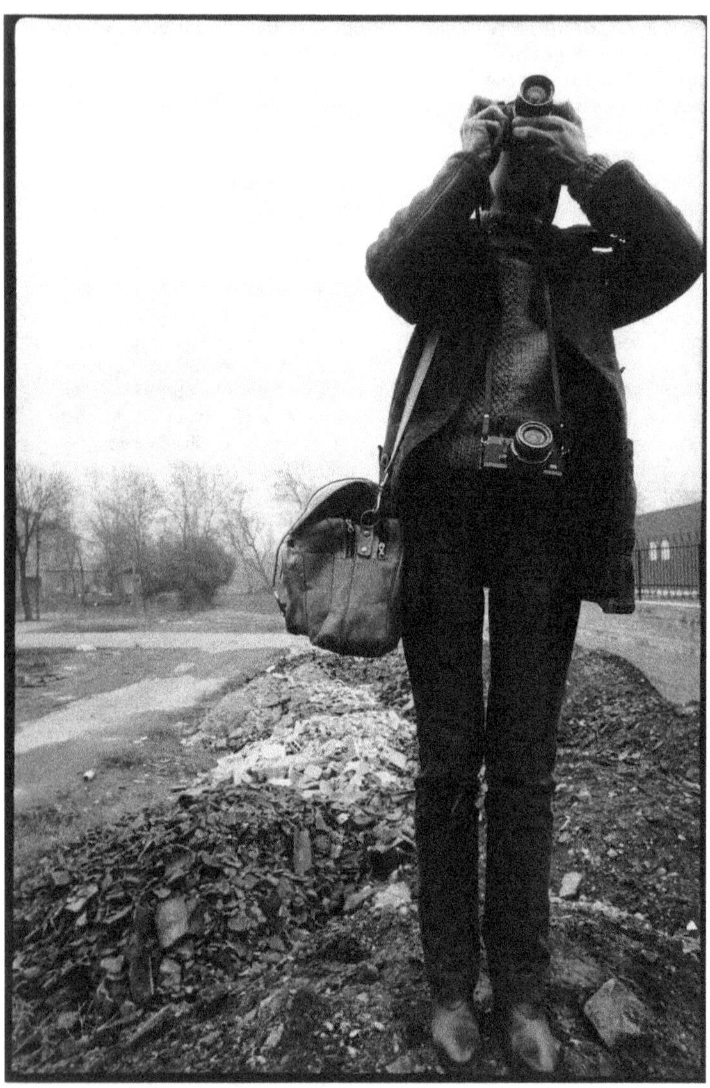

Carla Cerati. *Donne fotografe. Silvia Lelli*, Milano 1975
Fondo Lanfranco Colombo - Regione Lombardia / Museo di Fotografia
Contemporanea, Milano-Cinisello Balsamo. Courtesy Elena Ceratti

Fotografia e femminismo nell'Italia degli anni Settanta. Un percorso nelle collezioni del MUFOCO, con qualche divagazione

Cristina Casero

> *La rappresentazione del mondo come tale è opera dell'uomo; egli lo descrive dal suo punto di vista, che confonde con la verità assoluta*[1]
> Simone de Beauvoir, 1949

I

Nel 1971 Linda Nochlin, in un intervento ormai diventato celebre, si chiede *Perché non ci sono state grandi artiste?* A partire da questo interrogativo, solo apparentemente semplice, Nochlin imbastisce una lunga dissertazione nella quale conduce una lucida analisi che si apre a quella che è stata, ed è ancora al tempo in cui la studiosa scrive, la condizione della donna nella società occidentale. D'altro canto, la domanda da cui Nochlin prende spunto per il suo ragionamento...

non è che la punta di un iceberg fatto di equivoci e pregiudizi; sotto la superficie vi è una enorme massa indistinta di confuse idées reçues *che riguardano il significato dell'arte e le sue implicazioni contingenti, la natura delle capacità umane in generale e della superiorità in particolare, nonché il ruolo che l'ordine sociale gioca in tutto ciò*[2].

Nochlin mette apertamente in discussione le strutture del sapere, l'impianto culturale, prima ancora che sociale, che innerva di sé le istituzioni, basato su un'idea precisa della realtà, che definisce la condizione femminile sulla base della posizione privilegiata dell'uomo. Di fatto, le donne da secoli non sono libere di viversi: sono condizionate da convenzioni, abitudini e comportamenti dai quali traspare una visione del mondo che non appartiene loro. Nochlin pone una questione fondante, nevralgica, che elude facili schematismi e mette al centro del suo discorso la chiara coscienza del fatto che una cultura secolare, millenaria, ha emarginato le donne in una condizione nella quale esse non possono (e non devono) più riconoscersi. Devono riconquistare il loro spazio, esprimere la loro voce. Per farlo, è necessario sovvertire le strutture sociali ma soprattutto i modelli esistenziali con i quali il patriarcato le ha relegate in un ruolo subalterno rispetto all'uomo, ma sui quali esse stesse si sono formate. Le donne devono anzitutto prendere piena coscienza di se stesse, per poter vivere autenticamente. L'interrogazione di Nochlin arriva, posta con tanta articolata chiarezza, proprio nel momento in cui si sta diffondendo – anche in Italia - il pensiero del femminismo della differenza. Esso, superando le posizioni emancipazioniste, sposta drasticamente l'asse della riflessione, e dell'azione, dal piano sociale a quello esistenziale, centrando l'attenzione intorno a una donna che, diversa dall'uomo, non deve definirsi in relazione a lui. Deve, invece, iniziare a ripensare diversamente se stessa nella consapevolezza che, come sosteneva Carla Lonzi, se l'uguaglianza tra uomo e donna è un principio giuridico, è altrettanto evidente che la differenza sostanziale non solo va accettata, ma sancita e sviluppata con determinazione, poiché "l'immagine femminile con cui l'uomo ha interpretato la donna è stata una sua invenzione"[3].

Il secco rifiuto della cultura del patriarcato è alla base del nuovo femminismo, come ben si comprende dal pensiero di Luce Irigaray e Lonzi: per la donna la liberazione passa dalla riappropriazione delle strutture culturali profonde.

È chiaro che un ruolo cruciale svolge in questo frangente la possibilità di ragionare su di sé, sulla propria identità, la cui individuazione passa anche per l'immagine in cui la donna si percepisce, in cui si riconosce. Una immagine che non può essere quella che nasce da uno sguardo maschile.

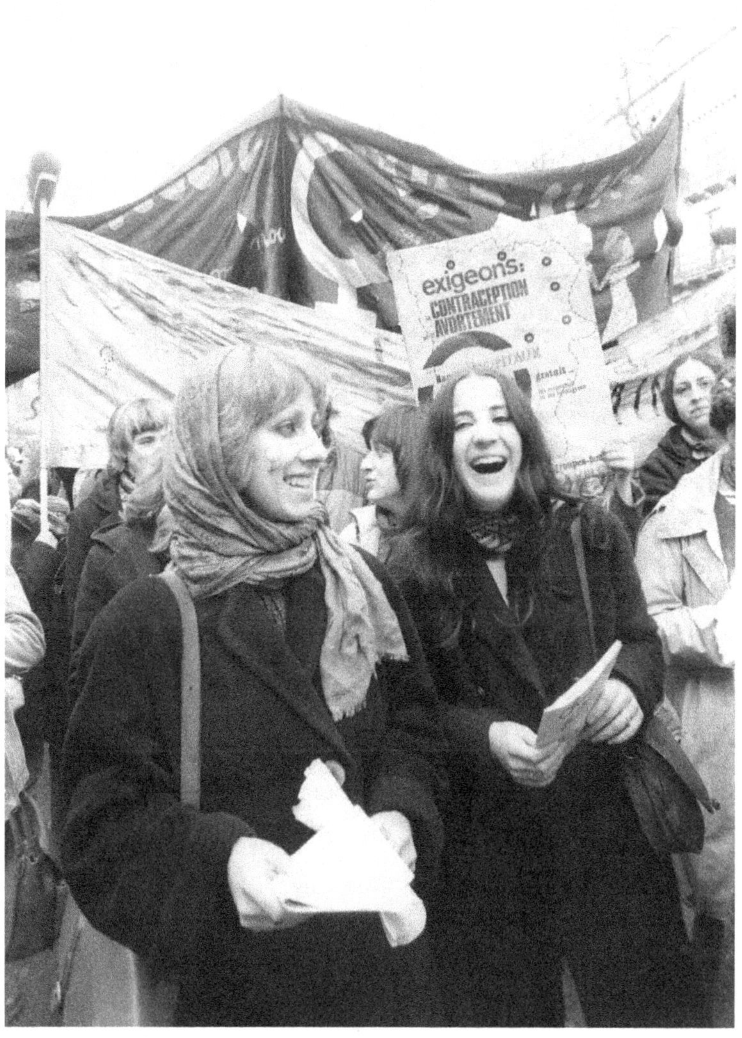

Livia Sismondi, *Manifestazione femminista a Parigi*, marzo 1978
Agenzia Grazia Neri - Museo di Fotografia Contemporanea, Milano-Cinisello Balsamo

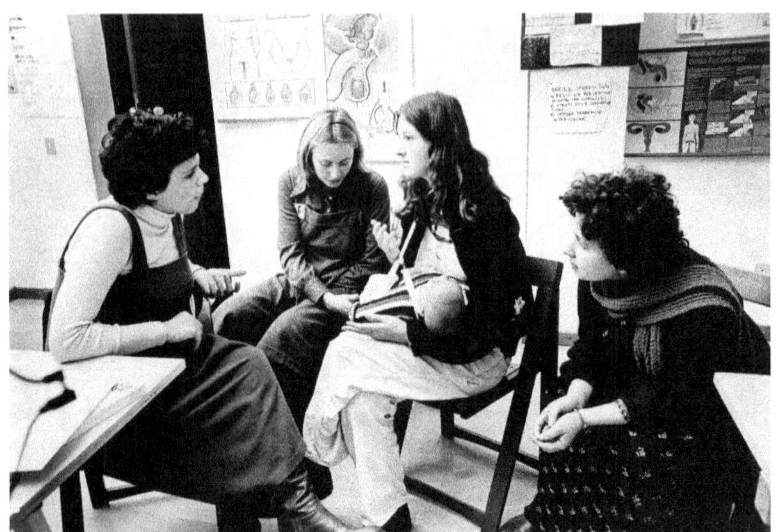

Liliana Barchiesi, *Al consultorio*, Milano 1977
Raccolta antologica – Museo di Fotografia Contemporanea, Milano-Cinisello Balsamo

Così, quegli ambienti da cui le donne sono state a lungo escluse, come ricorda Nochlin, si trasformano in luoghi privilegiati di azione, perché attraverso il lavoro sull'immagine si può contribuire a ridisegnare a livello simbolico il corpo della donna in una dimensione autentica, lontana da quella costruita dall'immaginario maschile.

In quest'ottica appare evidente perché proprio la fotografia sia stata uno degli strumenti privilegiati per contrastare la visione della realtà che informa di sé la società, per saggiare la strada di una nuova espressività, autonoma rispetto al canone diffuso[4]. La pratica fotografica, infatti, non è inserita rigidamente nelle maglie della struttura sociale e ciò consente la possibilità di farne un uso più personale e innovativo, perché non esiste una tradizione tanto granitica come quella pittorica con cui confrontarsi e perché, come spiega bene Muzzarelli, "tra le donne artiste e la fotografia c'è anzitutto in comune, fin dall'inizio, la dimensione di alternatività che ugualmente dimostrano verso due monoliti precostituiti. Per le une si trattava del potere culturale degli uomini, per l'altra della supremazia inarrivabile di artisticità riconosciuta esclusivamente alla pittura"[5].

Il linguaggio fotografico, in virtù della sua natura tecnologica, rappresenta inoltre una sfida, che consiste nel "tentativo di riportare la tecnica, che storicamente è un dato culturale maschile, all'occhio della donna"[6]. Ma riportarla all'occhio della donna non significa solo appropriarsene, trovando un proprio spazio in un ambito tipicamente maschile ma vuol dire, con atteggiamento più radicale, farne un uso diverso, provare ad aprire nuove prospettive, portando nella pratica tutta l'eredità della propria esperienza. Usare la tecnica per incrinare quella rappresentazione del mondo che, come dice Simone de Beauvoir, è opera dell'uomo ma è diventata verità assoluta.

II

Nel corso degli anni Settanta, mentre si fa largo una coscienza sempre più chiara della condizione femminile, anche in Italia molte donne si dedicano alla pratica fotografica[7], con esiti interessanti e di qualità, sebbene non senza grandi difficoltà e con un ruolo ancora marginale all'interno del sistema dell'arte e della comunicazione visiva *tout court*, in una situazione di certo nemmeno paragonabile alla situazione odierna. Di tale viva presenza, che già di per sé è un elemento significativo, danno testimonianza le opere della collezione del Museo di Fotografia Contemporanea di Cinisello, che restituiscono la ricchezza di quel contesto e possono costituire per noi un interessante osservatorio. Tra queste fotografe, alcune abbracciano esplicitamente le idee del femminismo, in taluni casi proprio coniugando la pratica artistica con quella femminista, anche con forme di autoanalisi condotte attraverso l'immagine (penso a Paola Mattioli e Verita Monselles), in altri affrontando temi esplicitamente legati a quelle posizioni, come fanno le protagoniste del *Collettivo Donne Fotoreporter*[8], oppure Paola Agosti, Lisetta

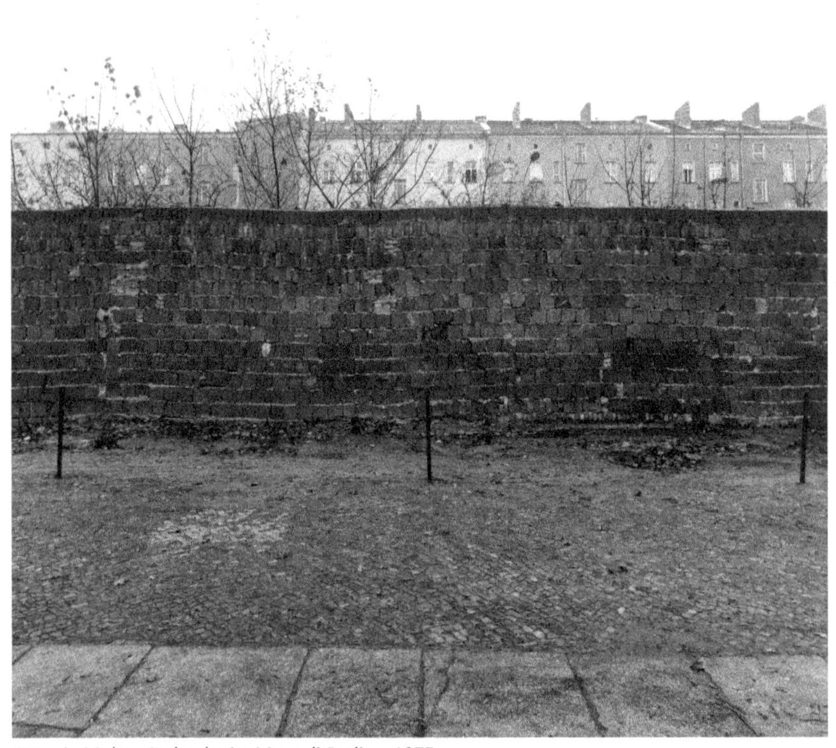

Antonia Mulas, *Archeologia. Muro di Berlino*, 1975
Fondo Lanfranco Colombo - Regione Lombardia / Museo di Fotografia Contemporanea,
Milano-Cinisello Balsamo

Carmi, Carla Cerati e Giovanna Nuvoletti, che pongono al centro del loro interesse la donna nella società contemporanea, testimoniandone la presenza attiva e indagandone criticamente la condizione. Altre, come Letizia Battaglia, Silvia Lelli, Maria Mulas o Marialba Russo, assumono posizioni più sfumate, quando non addirittura defilate, ma contribuiscono comunque a sfatare "il mito della [...] laboriosità sussidiaria" della donna[9] e, con il loro sguardo, a delineare la possibilità di un nuovo modo di osservare il reale, a partire da un punto di vista femminile. È interessante, proprio a tale proposito, rileggere una testimonianza, illuminante, di Antonia Mulas:

> *il femminismo per me è stato una grande apertura e un momento fondamentale di crescita come donna. Io non ho mai desiderato essere un uomo e mi è sempre piaciuto essere madre, però la mia presa di coscienza della specificità dello 'sguardo femminile' - lo stesso che ho usato nel mio lavoro su San Pietro – la devo a Carla Lonzi. Parlare di femminismo non è così facile, perché si toccano dei temi delicati e intimi, però attraverso questa pratica io ho capito che esiste uno specifico femminile. Le donne vedono e sentono in modo completamente diverso da quello degli uomini[10].*

Come scrive Anne Marie Sauzeau Boetti, infatti, "che si tratti di un linguaggio visivo o di una scrittura, l'espressione femminile sarà "l'altra cosa", fuori dal sistema linguistico che ha riordinato la realtà secondo l'esperienza maschile"[11]. E la "creatività diversa" non si legge "soltanto nei contenuti ideologici o addirittura panflettari", ma viene garantita "da un diverso filtro espressivo della dialettica di conoscenza e pratica, che combacia con una diversa esperienza del mondo interiore e esteriore"[12].

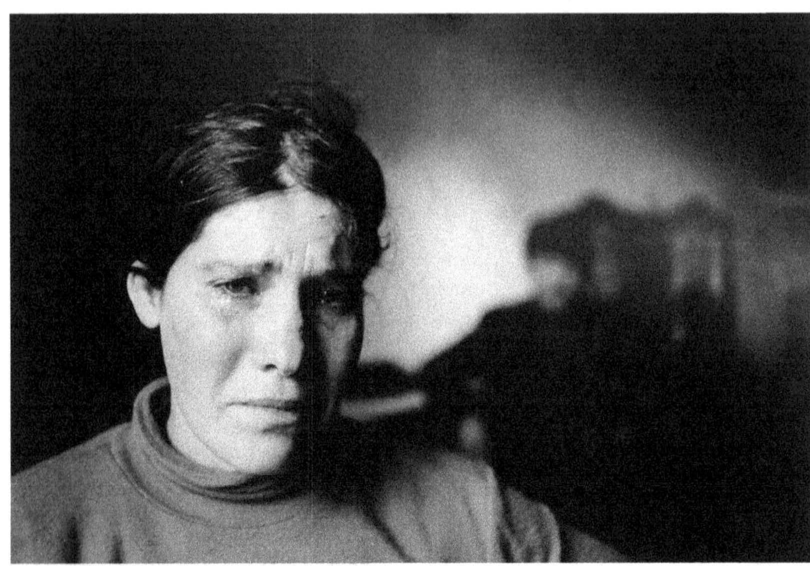

Letizia Battaglia, *San Vito Lo Capo*, 1980
Fondo Lanfranco Colombo - Regione Lombardia / Museo di Fotografia Contemporanea,
Milano-Cinisello Balsamo

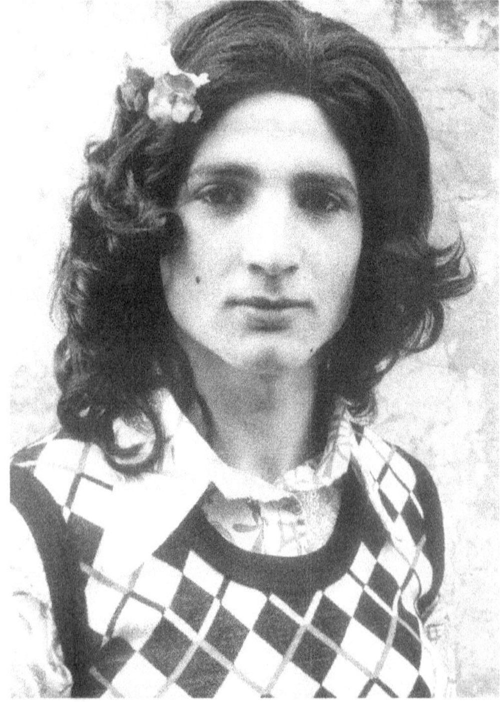

Marialba Russo, *Travestimento
(Carnevale in provincia di Avellino)*,
1976. Fondo Lanfranco Colombo
- Regione Lombardia / Museo
di Fotografia Contemporanea,
Milano-Cinisello Balsamo

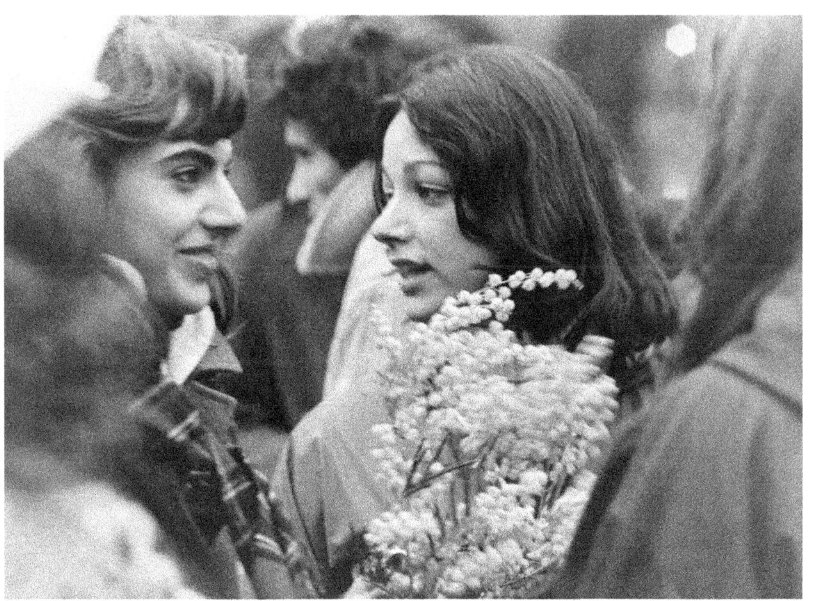

Giovanna Nuvoletti, *Manifestazione femminista a Milano in piazza Duomo*, anni Settanta. Agenzia Grazia Neri - Museo di Fotografia Contemporanea, Milano-Cinisello Balsamo

III

Sono, dunque, numerosi gli aspetti che rendono quasi fisiologico il connubio tra alcune delle istanze femministe e la fotografia. Essenziale è pure il fatto che essa permette di lavorare sull'immagine, e quindi sull'immaginario collettivo, che veicolando una figura femminile costruita su cliché rinforza gli stereotipi sul corpo delle donne, il luogo dell'identità e della differenza. Attraverso la prassi fotografica è possibile dare visibilità a una nuova immagine della donna, nata dallo sguardo del "soggetto imprevisto", come dice Lonzi, da un occhio che si muove al di fuori degli schemi per proporre, attraverso il racconto del reale, un nuovo racconto di sé, del proprio corpo, nel quale sia finalmente possibile riconoscersi. Esemplare, in questo senso, l'atteggiamento di Cerati che in più occasioni fotografa delle colleghe, tra cui Lelli e Mattioli, e che a tale proposito ha dichiarato:

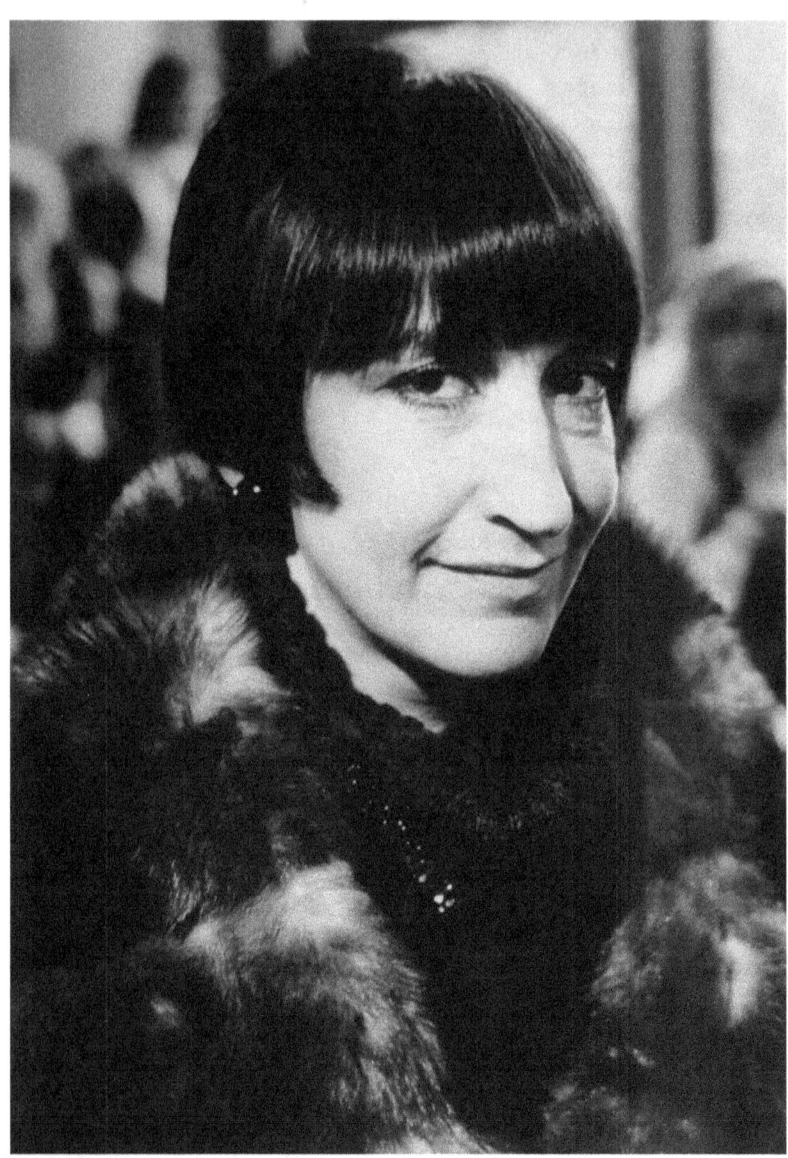

Maria Mulas, *Seduzione*, 1973
Fondo Lanfranco Colombo - Regione Lombardia / Museo di Fotografia Contemporanea,
Milano-Cinisello Balsamo

*... si obbietterà che il mestiere resta tale indipendentemente dal
sesso di chi lo svolge. È vero solo in parte, perché un costume
che dura da sempre ha abituato l'uomo a considerare il lavoro
prioritario sugli affetti a sentirsi davanti a esso libero e solo, mentre
per la donna è stato il contrario. Tanto è naturale per l'uomo vivere
separatamente la vita privata e quella pubblica, tanto è difficile
per la donna staccarsi da ciò che per secoli è stata definita la sua
natura, il suo destino. È un carico che porta con sé sempre, anche
quando ha deciso di liberarsene, e che riflette nei suoi gesti, nel
suo ritmo di vita: è una creatura dimezzata e sdoppiata; ed è in
questo suo dimezzarsi e sdoppiarsi un'angoscia, che ho cercato
di raccontare. Sarebbe forse bastato documentare le mie giornate,
la mia vita; mi ha fermata il problema tecnico: una macchina sul
cavalletto avrebbe dovuto ritrarre me in movimento. In questo
modo non avrei dato che una visione parziale del mio lavoro,
avrei annullato quella che ritengo la mia prerogativa, e cioè i miei
continui, progressivi spostamenti rispetto al soggetto; non solo:
io non sarei stata più un occhio, un cervello, una sensibilità dietro
l'obiettivo, ma un soggetto davanti a esso. Non sarebbe più stato
guardarmi allo specchio valutando l'immagine riflessa e ciò che era
in grado di trasmettere, ma soltanto documentare passivamente
una serie di azioni. Ho quindi preferito altre donne fotografe,
cercando nei loro i miei stessi gesti e altri ancora, interpretando la
fatica e la rabbia, la gioia e la soddisfazione*[13].

È fondamentale, infatti, il processo chi si attua quando una donna
guarda attraverso l'obiettivo un'altra donna, perché si innesca un
meccanismo rivoluzionario che permette di rompere "quello schema
per cui l'immagine è rubata da un occhio che si annulla" e proprio
questo ribaltamento "imposta un campo privilegiato di indagine:
l'autoanalisi del soggetto/oggetto della fotografia e lo studio dei
meccanismi di rispecchiamento"[14]. Si frantuma la trasparenza del
procedimento fotografico, si nega apertamente ogni sua, supposta,
obiettività. Il rispecchiamento, cioè la possibilità per ogni donna

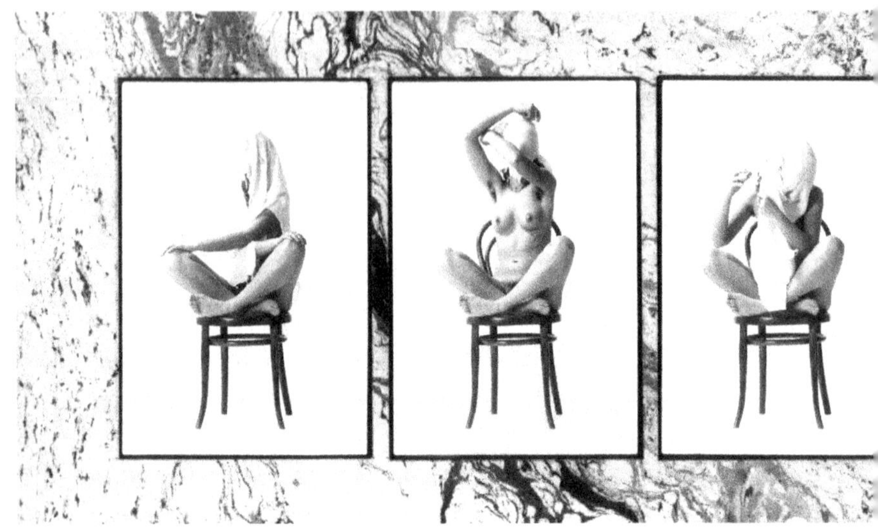

Paola Mattioli, *Coprire/scoprire*, 1977
Raccolta antologica – Museo di Fotografia Contemporanea, Milano-Cinisello Balsamo

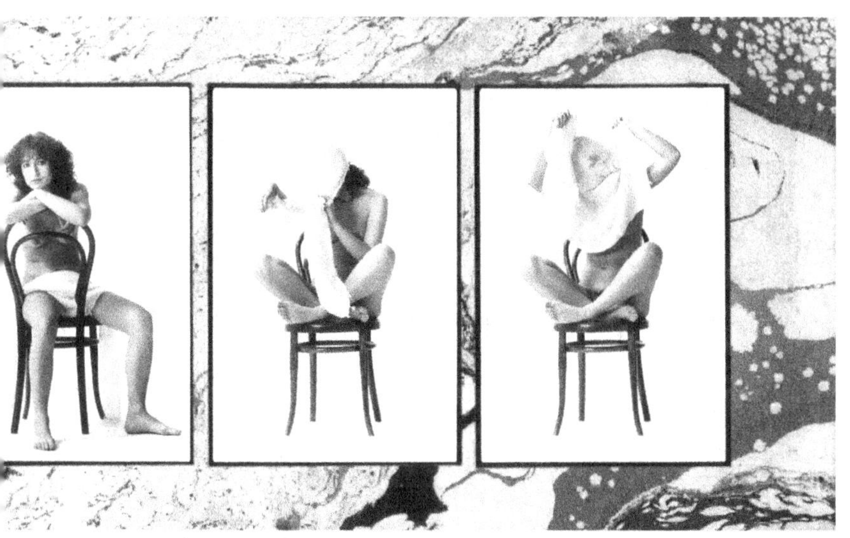

di riconoscere se stessa nel guardare l'altra e di riconoscersi nell'immagine che è frutto dello sguardo di un'altra, è un processo fondamentale.

L'efficacia di tali dinamiche appare chiaramente nelle immagini di molte protagoniste di questa congiuntura, tra cui certamente Mattioli che, militante femminista, spesso si concentra sulla dialettica ritratto/autoritratto e sull'immagine femminile nella volontà di restituire un volto e un corpo veri alla donna. Con toni più dissacratori e irriverenti, Monselles mira alla "oggettivazione della crisi esistenziale della donna, che vede posto in discussione il suo ruolo di fronte alla maternità, alla famiglia, alla religione, alla sessualità, nel contesto di una società repressiva"[15]. D'altronde, la pratica dell'autocoscienza passa anzitutto per il corpo, luogo della identità e della differenza, e come tale protagonista assoluto nelle ricerche espressive che risentono delle teorie femministe. Come nota correttamente Roberta Valtorta, "scoperta del sé, del proprio corpo e del proprio immaginario, e scoperta del linguaggio della fotografia coincidono: in questo senso la fotografia si fa,

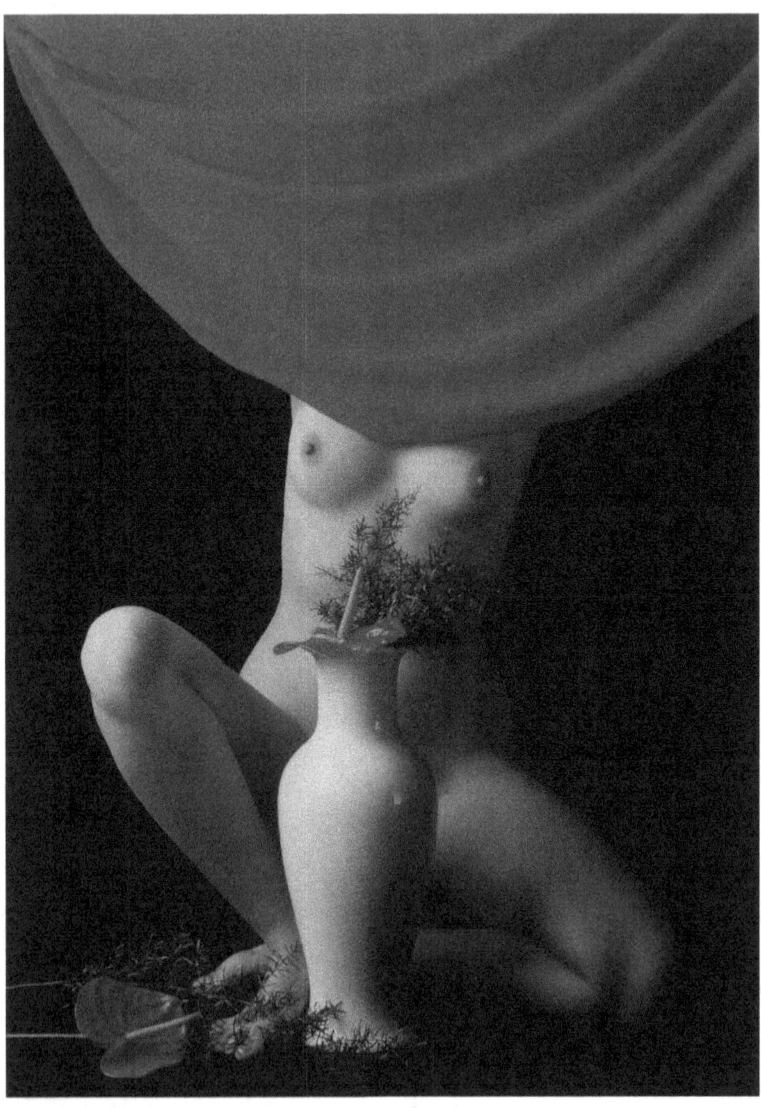

Verita Monselles, *Fiore rosso 1*, 1982
Fondo Lanfranco Colombo - Regione Lombardia / Museo di Fotografia Contemporanea,
Milano-Cinisello Balsamo

tipicamente, strumento di indagine esistenziale"[16]. Attraverso il corpo passa la coscienza della propria diversità e così riconquistarlo, "viverlo in prima persona", significa recuperare l'autenticità del proprio essere, "deculturizzare il rapporto convenzionale con il corpo"[17]. Se le esperienze di molte artiste legate al femminismo, o quanto meno sensibili alle sollecitazioni che da esso derivano, si caratterizzano per un uso performativo del corpo, la fotografia risulta essere il mezzo più adeguato per "mantenere" tale valenza, poiché ne "permette una sopravvivenza virtuale" e "conferisce sostanza e durata a ciò che altrimenti risulterebbe troppo effimero"[18].

Inoltre la fotografia ha il potere di manifestare, di "promuovere" un soggetto che nel momento stesso in cui viene immortalato, viene anche percepito come "degno di essere fotografato, cioè fissato, conservato, comunicato, esibito e ammirato"[19], come ben argomenta Pierre Bourdieu, che conclude:

le norme che organizzano la cattura fotografica del mondo secondo l'opposizione tra il fotografabile e il non fotografabile solo indissociabili dal sistema di valori impliciti propri di una classe, una professione o scuola artistica, di cui l'estetica fotografica costituisce sempre un aspetto malgrado la sua disperata protesta d'autonomia"[20].

Utilizzando questa riflessione come chiave di lettura, risulta chiara la valenza politica dell'azione delle fotografe, che catturando con il loro sguardo brani inediti di realtà, rispecchiandosi l'una nell'immagine dell'altra o testimoniando l'attività di altre donne, introducono una nuova estetica e attraverso di essa nuovi valori: danno voce, o meglio, veste visibile al "gran corpo femminile plurale, da sempre rimosso dalla cultura patriarcale e sostituito con alcuni stereotipi che parlano, recitano, soltanto per l'uomo e che sono fatti a misura sua"[21].

1. De Beauvoir Simone, *Il secondo sesso*, Il Saggiatore, Milano 1961 (ed. or. Editions Gallimard, Paris 1949), p. 164.

2. Nochlin Linda, *Perché non ci sono state grandi artiste?*, Castelvecchi, Roma 2014 (ed. or. Basic Book, New York 1971), p. 39. In sostanza, sostiene la studiosa, "[...] la questione dell'uguaglianza delle donne - nell'arte come in ogni altro campo altro campo - non dipende dalla clemenza o dall'ipocrisia di singoli uomini, né dall'autostima o dall'avvilimento di singole donne, bensì piuttosto dalla natura stessa delle strutture istituzionali e dalla visione della realtà che queste impongono agli esseri umani che ne fanno parte" (Ivi, p. 38).

3. "Manifesto di Rivolta Femminile", in Lonzi Carla, *Sputiamo su Hegel - La donna clitoridea e la donna vaginale*, Gammalibri, Milano 1982, p. 14 (ed. or. Scritti di Rivolta Femminile, Milano 1970).

4. Pollock Griselda, *Vision & Difference. Feminity, Feminism and the Histories of Art*, Routledge, London-New York 1988.

5. Muzzarelli Federica, "Il corpo in azione della fotografia", in Muzzarelli F., *Il corpo e l'azione. Donne e fotografia tra otto e Novecento*, Atlante, Bologna 2007, p. 6.

6. Mattioli Paola, "L'immagine fotografica", in Boetti Anne Marie (a cura di), *Lessico politico delle donne. Cinema letteratura, arti visive*, Gulliver, Milano 1979, p. 174.

7. Si veda a tale proposito Perna Raffaella, *Arte, fotografia e femminismo in Italia negli anni Settanta*, Postmedia Books, Milano 2013; per un affondo sulla situazione milanese si rimanda invece a Casero Cristina, *Gesti di rivolta. Arte, fotografia e femminismo a Milano 1975 – 1980,* Società per l'Enciclopedia delle Donne, Milano 2020.

8. Il collettivo, che nasce a Milano nel 1976, è composto da: Liliana Barchiesi, Kitti Bolognesi, Giovanna Calvenzi, Marisa Chiodo, Marzia Malli, Laura Rizzi, Livia Sismondi e Chiara Visconti.

9. "Manifesto di Rivolta Femminile", op.cit., p. 18.

10. "Vorrei nascere dopodomani... Conversazione con Antonia Mulas", in Negri Antonello, Zanchetti Giorgio, *L'uomo in bianco & nero, L'Uomo nero*, anno IX, n.9, dicembre 2012, pp. 302-303.

11. Boetti Anne Marie, "L'altra creatività", in *Data*, nn. 16/17, Estate 1975, p. 57.

12. Ivi, p. 58.

13. Cerati Carla, *Immagini di donne: professione fotografa*, in Sicof '77. *Sezione culturale a cura di Lanfranco Colombo*, catalogo della mostra, 19 – 27 marzo, Milano 1977, p. 100.

14. Mattioli Paola, op.cit., p. 176.

15. Monselles Verita in Loda Romana (a cura di), *Il volto sinistro dell'arte*, cat. mostra Galleria De Amicis, Firenze 29 ottobre-26, novembre 1977, s.p. Pubblicato in Perna R., op. cit., p. 34.

16. Valtorta Roberta, "Il contributo delle donne alla fotografia in Italia", in

Leonardi Nicoletta (a cura di), *L'altra metà dello sguardo. Il contributo delle donne alla storia della fotografia*, Agorà Editrice, Torino 2001, p. 15.

17. "Parliamo della Body Art…" Intervista di Daniela Palazzoli a Lea Vergine, in *Data*, n. 12, Estate 1974, p. 54.

18. Marra Claudio, "Fotografia come arte", in Poli Francesco (a cura di), *Arte contemporanea. Le ricerche internazionali dalla fine degli anni '50 a oggi,* Electa, Milano 2003, p. 259.

19. Bourdieu Pierre, *Un'arte media. Saggio sugli usi sociali della fotografia*, Meltemi, Milano 2018 (ed.or. Les Editions de Minuit, Paris 1965), p. 37.

20. Ivi, p. 37.

21. Boetti Anne Marie, "Espressività femminile. La traccia del corpo", in Boetti Anne Marie (a cura di), op.cit., p. 152.

Fotografia, estetica femminista e pratiche identitarie

Federica Muzzarelli

1 Fotografia ed estetica femminista

Il mio breve intervento si concentra sul rapporto tra la fotografia e il femminismo o, detto in altro modo, su come la pratica fotografia abbia veicolato istanze definibili come femministe. Dando per acquisite alcune premesse generali di tipo storico e teorico altrove già affrontate[1], prenderò spunto da un saggio recente dal titolo *Women Photographers and Feminist Aesthetics* in cui l'autrice, la studiosa americana Claire Raymond, rilegge le produzioni di donne fotografe di epoche, stili e culture differenti, mettendo a fuoco il loro comune femminismo implicito e potenziale più che, o ancor prima che, esplicito e militante[2]. Perché se è vero che è esistita, ed esiste, una fotografia femminista impegnata e storicamente definita (nel senso della sua contestualizzazione in relazione a movimenti, idee e strategie organizzate o comunque attive, e di cui le web conference organizzate al Mufoco nel 2020 danno conto per quello che riguarda la situazione italiana degli anni Settanta), io mi soffermerò sulle premesse teoriche e di prassi, di fenomenologia dell'esperienza, che hanno portato all'incontro tra esigenze che possiamo definire femministe e la fotografia[3].

Per il vero, credo che la questione della definizione di una prassi femminista in senso ideale e teorica, più che militante e dichiarata, sia utile anche per ragionare su alcune delle figure alle quali sono dedicati alcuni degli interventi contenuti in questo volume (come per Lisetta Carmi e Ketty la Rocca ad esempio).

Una prima questione interessante da cui partire riguarda, infatti, la definizione che può essere data per chi si vuole riconoscere come femminista: cosa connota o cosa distingue l'essere una femminista da chi non lo è? Rifacendoci alle note idee della studiosa afro-americana bell hooks, possiamo affermare che, piuttosto che dichiarare la condizione di essere una femminista, un'attivista dovrebbe in realtà agire, dovrebbe cioè "advocate feminism", nel senso di sostenere, rivendicare, difendere la causa femminista[4]. In questo senso, la storia della fotografia fatta dalle donne è una piattaforma ideale per riflettere sulle pratiche di rivendicazione dei diritti e dell'identità femministe, quando anche collocate storicamente, socialmente e artisticamente al di fuori di una strategia dichiaratamente militante. Femminista è, in tal senso, la fotografia di Lady Clementina Hawarden, fotografa della metà dell'Ottocento, lontanissima da comportamenti espliciti e azioni politiche femministi in senso storico, ma che nelle sue immagini, nel suo modo di intendere la fotografia, ha visto la possibilità di chiedere e rivendicare una vita fatta di desideri indipendenti dal ruolo sociale e dalle aspirazioni soggettive e individuali. Per Clementina Hawarden non si può certo chiamare in causa una partecipazione attiva al femminismo, eppure il suo uso dell'apparecchio fotografico racconta un'idea femminista del mondo, dunque un suo modo per "advocate feminism"[5].

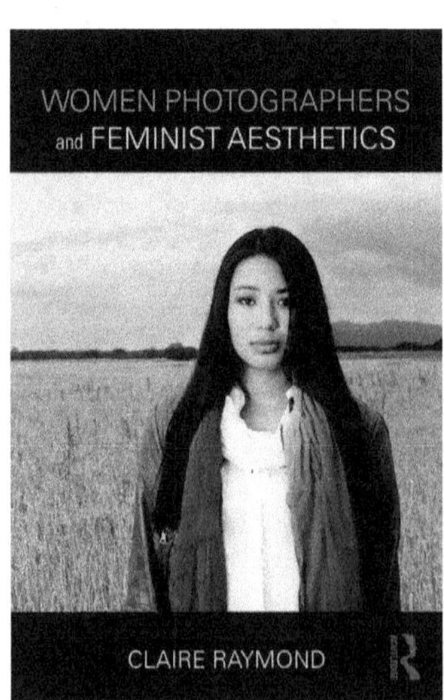

Claire Raymond, *Women Photographers and Feminist Aesthetics,* Routledge, Londra 2017

2 Estetica femminista e pratiche identitarie

Non potremo qui elencare tutti i casi e le situazioni che, dalla metà dell'Ottocento a oggi, si potrebbero citare. Si può però provare a dire che esiste un modo di guardare alle vicende della fotografia, ignorato e dimenticato dagli storici della fotografia fino a pochi decenni fa, che individua nell'estetica femminista, di cui sono portatrici le immagini fotografiche, il suo filo conduttore. Nel suo saggio poco sopra citato, Claire Raymond stimola a guardare a ciò che affermano e dicono le immagini, le fotografie, a ciò che esse sono in grado di raccontare al di là delle apparenze. L'espressione che la studiosa usa, "to carry feminist aethetics", sottolinea molto bene questa idea di entrare nelle immagini con una visione differente, non omologata, ovvero riferibile a fotografie che chiedono cioè di essere lette con uno sguardo nuovo.

Per proseguire con l'esempio pionieristico, ed estremamente affascinante, della fotografia di Lady Hawarden, questo significa andare oltre la lettura dei suoi ritratti di famiglia (durata circa un secolo fino ai saggi di Carol Mavor) come scatti rassicuranti e apparentemente normali, quelli che una qualsiasi madre e dilettante fotografa farebbe alle proprie figlie[6]. Significa invece vedere in quegli scatti qualcosa che va molto oltre l'album di famiglia, e che si avvicina piuttosto alla perturbante richiesta di sovvertire un "sexist thinking" a favore di una liberazione dell'immaginario e del desiderio avvertiti da una donna fotografa. In questo senso, dalla richiesta cioè di innescare un'azione più che di pronunciare una dichiarazione (al modo definito da bell hooks), e dall'accettazione che esistono femminismi diversificati e fluidi, più che una sola via al femminismo, si può dire che sono esistite, ad esistono, fotografie femministe anche fuori dalla militanza e dalla storicizzazione definita. Spesso si tratterà di esperienze borderline, quelle che testardamente si rifiutano alla catalogazione normalizzata e che si fatica a ricondurre a un codice, quando anche il codice si riferisce a un'arte trasgressiva e protestataria. In questa diversità, e in questo rifiuto dell'omologazione, la fotografia si presenta sempre come un'alleata speciale e fidata.

Se l'estetica femminista non è qualcosa di fissato e definito, se non ci sono elementi necessari o aspetti che ne vincolino l'appartenenza come a una forma depositata una volta per tutte, se ciò che fa di una fotografia un'immagine femminista è il suo opporsi a una visione monolitica dominante e monodirezionale dei ruoli di genere, dell'identità di genere e dei desideri di genere, se insomma una fotografia femminista si oppone a una visione sessista dei rapporti e del mondo, allora l'estetica femminista di una fotografia è sempre al contempo una dichiarazione politica in sé.

La fotografia, se è fotografia femminista, è istintivamente antisistema, non normativa, si pone sempre in alternativa, è secondaria, è uno sguardo queer per definizione ("seeing differently" dice Amelia Jones), e questo essere differente, queer, appare una specie di stato di grazia che riunifica due differenze, due storie alternative: delle donne e della fotografia. E certo questa duplice dimensione deve essere presente non solo nel momento dell'atto fotografico, ma anche nell'atto della fruizione della fotografia, se è vero che le immagini della Hawarden sono rimasti graziosi ritratti delle figlie fino a che lo sguardo di Carol Mavor ne ha rivelato l'estetica femminista implicita. Proprio da questa marginalità è nata quella libertà di azione e d'indagine identitaria autogestita, e non normativa, che ha consentito pratiche e usi coraggiosi e trasgressivi della fotografia da parte delle donne. Usi coraggiosi e trasgressivi che sono, ai nostri giorni e oltre un secolo e mezzo dopo l'invenzione della fotografia, evidentemente ancora utili e necessari.

È il caso, ad esempio, di Matika Wilbur, autrice anch'essa oggetto dell'attenzione di Claire Raymond[7], la quale realizza un lavoro in cui la fotografia dimostra ancora la sua capacità di insinuarsi efficacemente laddove ci sia necessità di denunciare squilibri e ingiustizie, di rendere visibili e concreti drammi che, altrimenti, rimarrebbero facilmente sepolti. Nativa americana, nel suo lavoro Matika Wilbur si riconnette, ribaltandola, alla tradizione della fotografia di tipo coloniale e antropologico che, a partire già dalla seconda metà dell'Ottocento, impose un modello culturale in cui i volti e i corpi dei popoli sottomessi, indigeni australiani, africani e asiatici, fungevano da contraltare a quello civilizzato, bianco e occidentale. Inutile dire che si trattava di un contraltare negativo, che doveva cioè far risaltare la necessità dell'azione di sottomissione perpetrata con la forza, e cioè validare e dare giustificazione storica e politica all'atto di conquista del loro territorio da parte delle potenze coloniali nel mondo. Per fare ciò, è utile ricordare che in Gran Bretagna venne messo a punto uno schema di ritrattistica standardizzata, e che tale schema divenne poi lo stereotipo obbligato per tutta la fotografia coloniale che venne da allora realizzata[8]. Quello che colpisce, delle immagini di questa immensa opera di catalogazione della diversità, è la tenace volontà di reprimere, ipocritamente, il giudizio che inevitabilmente la fotografia rivelava. La rivelazione stava, infatti, nell'ostentata ricerca di apparente calma e neutralità che doveva essere comunicata a chi avrebbe visto quei ritratti, magari appesi alle pareti di qualche Fiera Internazionale, nel padiglione vietato ai minori (anche a causa della malcelata funzione voyeuristica ed erotizzante, soprattutto per quanto riguardava le donne ritratte seminude). Gli indigeni sono ritratti come impassibili di fronte alla macchina fotografica dei conquistatori. Non devono compiere atteggiamenti, assumere posizioni particolari, fare smorfie con i muscoli del volto. Non si deve, cioè, lasciar trapelare che è in atto un'azione violenta e forzata. Al contrario, anzi, si deve rassicurare del fatto che si sta lavorando nell'alveo della scienza e del progresso, della civilizzazione e dello sviluppo sociale.

All'interno di questo capitolo triste e imbarazzante, i nativi americani hanno vissuto un'esperienza speciale con la fotografia, nel senso che al loro racconto, notoriamente, Edward Curtis dedicò il suo lavoro, confluito poi nella monumentale pubblicazione dal titolo *The North American Indian* (1930). Nonostante fosse convinto di contribuire in modo positivo alla conoscenza e alla memorizzazione della storia e delle tradizioni dei nativi americani, Curtis costruì e diffuse invece uno stereotipo patetico e nostalgico che, certamente, non aiutò la causa. Al contrario, la fotografia congelò i loro volti austeri e orgogliosi, i loro fieri abiti tradizionali e le loro complesse acconciature, in una dimensione ideale e totalmente fuori dal tempo, visualizzandoli come relitti immaginari, consolatori e decadenti.

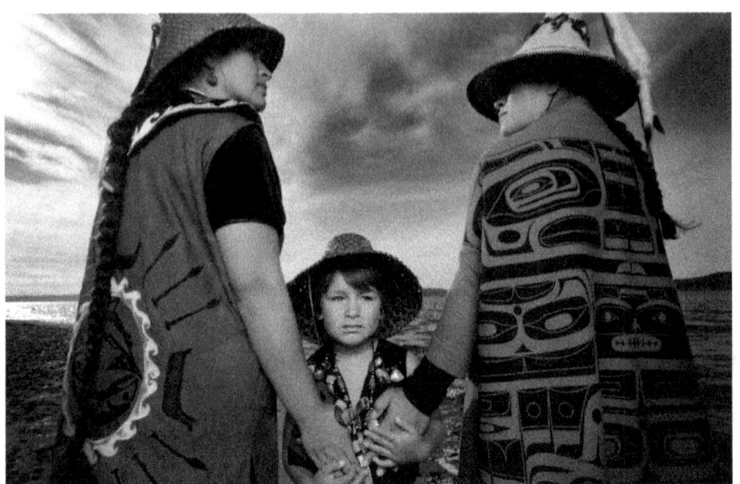

Matika Wilbur, *Darkfeather, Bibiana and Eckos Ancheta (Tulalip)*, 2014

Facendo riferimento a una prima selezione d'immagini di Curtis risalente al 1904, *The Vanishing Race*, Claire Raymond sottolinea che il titolo stesso autorizza il fruitore a definire i nativi come dei fantasmi, dei residui di una popolazione romanticamente idealizzata perché pressoché scomparsa senza, in alcun modo, spiegare che ciò fu il frutto di violenze, sradicamenti e azioni di forza da parte dei nuovi conquistatori.

Matika Wilbur, fotografa nativa americana appartenente alle tribù Swinomish e Tulalip, ha dovuto fare i conti con questa pesante eredità culturale e visiva e, nel 2012, ha dato vita a *Project 562* con l'obiettivo di rispondere proprio a quello stereotipo novecentesco e sovvertirne l'ideologia negativa[9]. Il progetto si basa sulla volontà di ripristino dell'identità e della dignità dei nativi americani tramite la realizzazione di ritratti riferiti a 562 tribù allora riconosciute dal governo statunitense (il numero è poi cresciuto nel tempo).

Per segnare la differenza e contrastare il codice visivo sui nativi, Matika Wilbur adotta scelte progettuali e visive che paiono apparentemente minime ma che, in realtà, si rivelano importanti ed efficaci: le persone ritratte, a differenza di quanto accadeva nelle campagne fotografiche di Curtis, non sono etichettate e identificate solo in relazione alla tribù di appartenenza, ma sono invece individuate in didascalia con i loro nomi. Diversamente poi dalla spersonalizzazione tassonomica che induceva Curtis a seguire il modello di ritratto segnaletico coloniale, e dunque prevalentemente asettico, immobile, con sfondo monocromatico e assenza di riferimenti individuali, nei suoi ritratti Matika Wilbur cerca invece di comunicare le storie, le umanità dei soggetti che, in modo decisamente inedito, sorridono o ridono, assumono degli atteggiamenti, insomma raccontano di sé. Questi racconti, trasmessi direttamente alla Wilbur dagli uomini e dalle donne fotografati, il loro passato, le loro parole, sono riportate nel sito dell'artista sotto ciascuno dei ritratti. A differenza di quanto succedeva, dunque, con la schedatura ottocentesca, qui non si può derogare dall'ascolto virtuale di che cosa i nativi hanno da dire, che sentimenti provano e quali pensieri hanno, in omaggio a un rapporto e un dialogo tra la fotografa e il soggetto che ricorda il comportamento relazionale che ha contraddistinto il lavoro coinvolgente e profondo di Diane Arbus.

Dalla sua posizione di donna, di fotografa e di nativa americana, Matika Wilbur ha tutto ciò che è necessario per offrire una visione differente che scardina la consuetudine acquisita e indiscussa di una tragedia contemporanea. Una visione differente che, in quanto tale, è già di per sé stessa femminista: è ciò che Claire Raymond definisce uno "spirit of resistance to domination" e che rende appunto concreto il femminismo del suo lavoro.

3 Conclusioni

Gli esempi fin qui fatti dei lavori fotografici di Clementina Hawarden
e di Matika Wilbur, lontanissimi tra loro nel tempo e nel contesto
sociale e culturale in cui sono stati prodotti, ma non nella carica di
quello che è definibile come un antagonismo femminista in sé, spero
siano utili alla riflessione e alla discussione relative a un periodo
specifico, gli anni Settanta italiani, e a come invece il femminismo
attivo e militante, allora in pieno fermento, abbia potuto portare
all'emersione di esplicite istanze di liberazione e rivendicazione di
diritti ancora non riconosciuti. Le fotografe italiane, di cui questo
volume offre finalmente una visione corale e sistematica, che in
quegli anni lavorarono e vissero in prima persona le lotte e le difficoltà
di affermazione, hanno potuto agire nel loro tempo e nella loro società
come Clementina Hawarden non poté fare e, in qualche modo, con il loro
lavoro hanno permesso anche a lei di avere virtualmente e finalmente
una voce. Allo stesso modo, una fotografa di generazioni successive
come è Matika Wilbur (che è nata nel 1984), si è potuta appoggiare
già a quanto, tanto, è stato fatto dalle donne fotografe e dalle donne
artiste dagli anni Settanta, appoggiandosi simbolicamente a loro per
andare oltre il problema dell'identità femminile. Ha così potuto offrire
il suo sguardo differente alla causa di un popolo che, come le donne,
ha avuto a lungo una storia visiva codificata che non era stata scritta
né, in un caso, dalle donne e né, nell'altro, dai nativi americani.

La fotografia è stata, la fotografia è, uno degli strumenti che meglio
permette di immergersi nella vita e nelle sue contraddizioni con una
capacità di rivelare gli ostacoli, le ingiustizie e gli errori in modo
impareggiabile. Come Clementina Hawarden, come Matika Wilbur, le
fotografe italiane di cui questo volume parla l'hanno usata per questo.

1. Faccio qui riferimento sinteticamente alla mia monografia *Il corpo e l'azione. Donne e fotografia tra otto e novecento*, Atlante, Bologna 2007. Da questo lavoro, sempre sul rapporto tra fotografia e femminismo, negli anni successivi sono poi derivati altri contributi più brevi.

2. Raymond Claire, *Women Photographers and Feminist Aesthetics*, Routledge, New York 2017.

3. "Fotografia e femminismo nell'Italia degli anni Settanta", web conference per il MUFOCO di Milano del 3,10, 17 giugno 2020, a cura di Cristina Casero.

4. Solo per un'indicativa bibliografia si citano i seguenti lavori fondamentali della studiosa femminista: hooks bell, *Feminism is for everybody. Passionate Politics*, Routledge, New York 2014 e *Feminist Theory. From margin to centre*, Routledge, New York 2015. Per quanto riguarda invece arte e femminismo si veda tra gli altri Jones Amelia, *Seeing Differently. A History and Theory of Identification in Visual Arts*, Routledge, London 2012.

5. Di prossima uscita su questi aspetti Hudgins Nicole, *The Gender of Photography. How Masculine and Feminine Values Shaped the History of Nineteenth-Century Photography*, Routledge, London and New York 2020.

6. Si veda: Mavor Carol, Pleasure Taken. Performance of Sexuality and Loss in Victorian Photographs, Duke University Press, Durham NC 1995 e Mavor Carol, Becoming. The photographs of Clementina Hawarden, Duke University Press, Durham NC 1999.

7. Raymond Claire, op.cit., pp. 197-203.

8. Fu Thomas Henry Huxley, presidente della Ethnological Society, a definire sul finire dell'Ottocento il metodo fotografico che, in realtà, riprendeva punto a punto ciò che in ambito criminologico era stato adottato, e cioè il metodo fronte-profilo detto anche bertillonage.

9.http://www.project562.com/

La quotidianità della rivolta.
Alcune note per un'estetica femminista e per un suo possibile uso a vantaggio dell'oggetto fotografico

Linda Bertelli

1 Introduzione: estetica ed estetica femminista

È probabile che valga la pena iniziare chiarendo che tutto questo breve saggio, di natura teorica, sarà dedicato a cercare di chiarire il riferimento alla quotidianità che compare nel titolo. Quale può essere il senso dell'uso di questo termine in un volume dedicato ai rapporti molteplici tra fotografia e femminismo in Italia negli anni Settanta? Rendere conto del senso di questo uso corrisponde, per me, a un prendere posizione: lo spazio della teoria è, in questo caso, anche lo spazio di posizionamento etico e politico che mi riguarda.

Il lavoro per questo saggio (e, ancora prima, per l'intervento dal quale prende le mosse)[1] mi ha dato l'opportunità di prendermi del tempo per riflettere anzitutto su uno snodo che, come tutti gli snodi che contribuiscono a formare la struttura e quindi il limite del nostro pensare e operare, facevo fatica a precisare e, quindi, a mettere davvero al lavoro. Lo snodo riguarda il ruolo e il senso dell'utilizzo dell'estetica come disciplina filosofica nel discorso che si interroga circa i rapporti tra fotografia e femminismo. Prima ancora di decidere se uno specifico approccio estetico avrebbe potuto comportare un qualche vantaggio per la ricerca delle relazioni tra fotografia e femminismo, si trattava quindi per me di elaborare un posizionamento, lavorando io all'interno (forse dovrei dire ai bordi) di quella disciplina filosofica che è nota come 'estetica'.

In termini generali, la letteratura filosofica che si occupa di estetica femminista è già piuttosto abbondante e, quindi, variegata[2]. Anche se non è l'obiettivo di questo saggio presentare una mappa di tale campo di studi, è tuttavia utile fare riferimento, per quanto in modo sintetico (e dunque anche piuttosto infedele) a due presupposti comuni di questa famiglia abbastanza ampia di teorie, e di modelli epistemologici critici, in quanto tali presupposti restano in gioco anche in queste pagine.

Il primo presupposto comune è in larga misura ovvio, e riguarda l'idea secondo la quale le divisioni delle diverse prassi sociali (quelle divisioni che distribuiscono un potere reale e simbolico) sarebbero state strutturate e si riprodurrebbero a vantaggio del maschile, o di chi era ed è disposto a ripeterne e mantenerne la cultura. Sappiamo che quelle prassi sociali sono state organizzate non soltanto mediante istituzioni, ma anche attraverso costumi e abitudini, e dunque per mezzo di sistemi valoriali e di pensiero (anche estetici) in modo tanto diffuso e capillare da essere naturalizzati.

Il secondo presupposto dell'estetica femminista è stato, e continua a essere, la critica alle modalità teoriche e alle condizioni storiche attraverso le quali si è potuto definire come soggetto universale del giudizio sull'esperienza estetica un modello che è storicamente maschile, e che si incarna storicamente nel modo più efficace nella figura dell'artista, con tutto ciò che ne consegue per l'analisi del bello come oggetto che nasce, all'origine moderna della disciplina, iscritto in un sistema di caratteri femminili che sono scaricati appunto sull'oggetto, nella sua passività (penso, ad esempio, alla *Inchiesta sul Bello e il Sublime* di Edmund Burke, la cui prima edizione è datata 1757)[3].

La nozione di 'quotidianità' per come adottata e trattata in questo breve saggio assume la funzione di operatore concettuale che, avendo delle linee di contatto (già in parte analizzate) con il campo dell'estetica femminista appena ricordato, è in grado d'intercettare alcuni dei tratti rilevanti nel rapporto tra la fotografia e il femminismo.

2 Quale femminismo, quale estetica

Proprio perché la domanda di partenza è quella in merito a quali sono le categorie dell'estetica che, costruite a partire dal pensiero femminista, possono risultare efficaci per analizzare l'oggetto fotografico (dunque non una ricerca di fotografia femminista, ma piuttosto di un dire femminista sulla fotografia), essa richiede una precisazione circa quale sia questo pensiero femminista. Selezionare una specifica prospettiva è importante, per me, appunto poiché mi permette di precisare il mio tentativo filosofico non come tentativo di risposta alla domanda sull'esistenza di una peculiare arte delle donne, e della eventuale definizione della sua essenza, quanto piuttosto come possibilità, storica e teorica, di elaborare strumenti concettuali di estetica femminista. Si tratta cioè di esplicitare e far emergere il guadagno che potrebbe portare alle riflessioni sull'estetica contemporanea il femminismo radicale italiano che ha negli anni Settanta il suo momento di impulso (anche se non esattamente di origine). Più specificamente, il breve esperimento ha come obiettivo principale quello di mostrare come questi posizionamenti femministi potrebbero andare ad arricchire di molto il plesso teorico di quella che è ormai da qualche anno definita come 'estetica della vita quotidiana' o 'estetica del quotidiano' e come a sua volta questa estetica femminista della vita quotidiana così generata sia, almeno in alcuni casi, utile per l'analisi dell'oggetto fotografico[4]. In altri termini, vorrei avanzare una proposta, senz'altro ancora preliminare e parziale, di definizione di alcune categorie teoriche e metodologiche.

In termini generali, e soprattutto a partire da coordinate disegnate in ambito anglosassone, le ricerche che si sono collocate, a partire dagli anni Novanta del secolo scorso, all'incrocio tra estetica del quotidiano e teoria femminista si sono principalmente dedicate, da una parte, a un esame dettagliato delle pratiche artigianali, tradizionalmente assegnate al femminile e di conseguenza spesso condotte nello spazio domestico e, dall'altra, a una serie di indagini sulle tradizioni creative, generalmente non occidentali, che non presentano una distinzione tra 'belle arti' e 'artigianato'.

Questa versione ormai codificata dei rapporti tra estetica del quotidiano e teoria femminista potrebbe già risultare di qualche interesse per lo studio delle immagini fotografiche, partendo dall'idea dell'oggetto fotografico come oggetto che nasce iscritto in una storia conflittuale con il mondo dell'arte tradizionale, e come dispositivo che produce un mutamento nelle pratiche di creazione dell'immagine, e nelle forme di queste immagini. Tuttavia, in questo saggio, la trama dalla quale intendo far emergere tanto la mia ipotesi quanto il relativo campo d'indagine è quella della pratica-pensiero femminista che ha conosciuto in Carla Lonzi una delle sue iniziatrici e un riferimento decisivo. Inoltre, anche se questo saggio farà riferimento esclusivamente a Lonzi, l'analisi andrebbe certamente approfondita e aperta ad altre voci del femminismo italiano coevo.

3 Il sostentamento dell'umanità

La svalorizzazione culturale delle pratiche creative 'miste' tradizionalmente femminili ha comportato, com'è ovvio, la relegazione ai margini dei canoni storiografici sia di tali pratiche sia di quante vi si sono dedicate (tanto che autorizzarsi a descrivere tali pratiche come non piacevoli o edificanti, così come esercitare un rifiuto rispetto a esse sono stati storicamente considerati, soprattutto nel mondo occidentale, legittimamente, come gesti di liberazione e di visibilizzazione di sé) L'intenzione, attraverso questo breve saggio, non è certamente quella di idealizzare queste pratiche per compensazione ma, al contrario, di riconoscere e di saper ereditare un sapere che, in merito a esse, il femminismo in Italia ha già ampiamente prodotto. Questo sapere mira a chiarire il senso del nesso tra l'accadere degli eventi della vita e la risonanza soggettiva di tale accadere, e a elaborare azioni strategiche per rendere visibile, valevole e attivo tale nesso. Infatti questo è un sapere che, instaurando una relazione con l'esperienza soggettiva, mostra quest'ultima in un orizzonte che è già da sempre politicamente trasformativo, in quanto primariamente produttore di trasformazione del sé[5].

Se dunque l'aspetto primo, e più evidenziato dalla letteratura, è quello del riconoscimento del carattere costitutivamente politico della dimensione dell'esperienza personale anche, e forse soprattutto, ordinaria (quotidiana, appunto) cui si è legato e si lega lo *scatto a soggetto* delle donne, ciò che costituisce il punto rilevante per un'indagine estetica sarebbe l'analisi delle forme espressive che da questo scatto si producono proprio mediante la ri-tematizzazione e la ri-significazione del nesso tra il personale e il politico. I temi concreti che vi si collegano sono quelli noti da tempo alla letteratura femminista, diversi ma accomunati appunto da questa risignificazione politica del vissuto, anche quotidiano: dalla riflessione su una sessualità sottratta all'identificazione con i ruoli sociali proposti, fino all'attenzione verso un fare, o più specificamente un fare che è quello della cura (ivi compresa la cura del mondo), fino ancora all'interesse per una diversa esperienza della temporalità che è nato proprio da una riflessione sul modo in cui le prassi femminili hanno scandito e scandiscono il giorno, la settimana, l'anno, con un ritmo che è marcato dalla *ripetizione* e dell'*anacronismo*, più che dalla linearità.

Una pagina di *Taci, anzi parla*, il diario di Carla Lonzi, datata agosto 1974, ci aiuta nella riflessione su un aspetto di significato comune a questi temi eterogenei. Come in altri luoghi del diario, Lonzi ipotizza un progetto documentario sul gesto femminile e scrive: "Di nuovo mi è venuta voglia di fare dei filmini sui gesti delle donne che provvedono al sostentamento dell'umanità: rigovernare, accudire i bambini, i malati, ecc. Il titolo: "Cultura femminile del sostentamento dell'umanità". Prendere coscienza del suo valore non solo pratico, ma culturale può essere un modo per capire chi siamo e da dove veniamo. Vorrei filmare solo i gesti per mettere in evidenza la perizia e il tramando di esperienza che richiedono. [...] vorrei filmare quelli che non diventano un prodotto, ma solo un accudire. Gesti nell'aria come quelli degli equilibristi, gesti fatti di aria. Su questi gesti senza seguito è costruita la nostra vita"[6].

Queste attività, questi gesti e le dimensioni che essi fondano a partire da una risignificazione politica del domestico assumono un ruolo importante proprio nel processo di destrutturazione dei codici culturali, politici ed estetici che il femminismo stava portando avanti in quegli anni. È in virtù del valore che possiamo assegnare a una tale risignificazione che trova forza il processo di decostruzione: non più disfattismo o annientamento, e neppure certamente assimilazione a norme già costituite (quelle maschili), ma produzione di spazio culturalmente liberato eppure già abitato dal quale può nascere il senso della differenza[7].

Questa risignificazione, per sua natura processo di trasformazione simbolica, offre anche una lente per analizzare il rapporto tra opera e vita, in quanto consente tanto di non prescindere da tale relazione, quanto, e soprattutto, di non sublimare la vita al servizio dell'opera (di nuovo rimuovendola). Non siamo lontane da quanto scriveva Virginia Woolf in *Una stanza tutta per sé* sostenendo che l'opera sarebbe sempre legata alla vita "come una tela di ragno". Se anche talvolta la tela ci sembra legata alla vita molto debolmente, in realtà lo è sempre "da tutti e quattro gli angoli": "Spesso il legame è a mala pena percettibile; le opere di Shakespeare, per esempio, sembrano sospese lì, complete in sé stesse. Ma quando la ragnatela viene scostata, uncinata in un orlo, lacerata al centro, ci ricordiamo che queste ragnatele non sono tessute a mezz'aria da creature incorporee, ma sono il lavoro di esseri umani che soffrono, e sono legate a cose volgarmente materiali come la salute, il denaro e le case in cui viviamo"[8]. Osservando molte delle immagini scattate da donne (certamente quelle che, a vario titolo, si sono riconosciute nel femminismo, ma sicuramente non esclusivamente, come anche questo volume dimostra) emerge non soltanto che esse sono portatrici di un lavoro di non cancellazione di questo legame (usando l'analogia di Woolf, non c'è bisogno di lacerarle o uncinarle per vederlo), ma anche che la cura di tale legame si muove nella direzione di una trasformazione di quella stessa vita, individuale o collettiva, alla quale la loro rete, appunto la loro opera, è così chiaramente appesa. È proprio quindi nella riflessione su questo rapporto, è proprio nel dar conto degli angoli a cui la tela di ragno è attaccata, che abita una possibilità di un operare in modo da creare un sovvertimento del canone estetico, un sovvertimento in grado di creare effetti politici, che sono poi gli effetti che a me interessano.

4 Conclusioni

Questo breve contributo costituisce la sintesi della premessa a un lavoro di ricerca più ampio attraverso il quale tento di indicare alcune possibili specifiche categorie estetiche utili per lavorare sulle immagini fotografiche. Tali categorie ruotano attorno a tre plessi principali: il primo riguarda il posizionamento del soggetto della ricerca e la nozione di inappropriabilità. Con 'estetica femminista della vita quotidiana' intendo in primo luogo un'estetica non dominante, sia da un punto di vista della prassi (come modo del pensiero che non utilizza i concetti per piegare la realtà ai suoi scopi, neppure nel senso dell'idealizzazione) sia dal punto di vista del posizionamento, che è quello del margine e dell'assenza. Femminismo e fotografia incarnano due aree di margine: se, da una parte, il lavoro da fare è storicamente di scavo per riportare alla luce esperienze sommerse, dall'altro diventa importante elaborare delle categorie, anche nuove e impreviste, attraverso le quali tali esperienze risultino leggibili in modo da non depotenziare il vantaggio critico che proviene dal margine e dell'assenza. L'approfittare della differenza, di cui Lonzi scrive in *Sputiamo su Hegel* (1970), diventa quindi una categoria metodologica[9]. Credo che sia una ricchezza che questi oggetti continuino ad appartenere, anche agli occhi di chi li studia, al registro dell'inappropriabilità, in quanto oggetti che, in primo luogo, sono portatori di un sovvertimento dei codici dell'estetica e, da qui, anche di un obiettivo e di una capacità di sovvertimento radicale dei codici sociali, culturali e quindi politici (a partire dal riconoscimento del carattere sessuato della fondazione di tali codici).

Continuare a essere capaci di leggere l'inappropriabilità come caratteristica di questi oggetti, significa per me come studiosa allineare il mio sguardo a tali oggetti, scegliendo così una posizione che è essa stessa di inappropriabilità. Questa inappropriabilità consiste nel non mutilare dal mio pensiero l'esperienza nella quale sono quotidianamente coinvolta, le relazioni, il vissuto soggettivo, intendendola anzi come esperienza che nutre creativamente la mia espressione.

Il secondo terreno di ricerca riguarda l'oggetto e la sua produzione, cioè le diverse modalità in cui l'immagine fotografica è stata intrecciata alla prassi quotidiana, prendendo in considerazione non solo i modi e le forme in cui si presentano i soggetti delle immagini, ma anche le modalità in cui si è prodotta, concretamente, fotografia nel rapporto con l'esistenza di chi la produceva. Per analizzare questo intreccio, intendo fare ricorso in particolare alla specifica decostruzione critica del mito dell'artista e del gesto creativo formulata dal femminismo italiano[10].

Il terzo plesso riguarda, come già accennato, alcuni possibili risvolti socioeconomici dell'adozione di questa proposta estetica, o, in altri termini, una riflessione su una postura critica rispetto alla relazione tra valore dell'opera fotografica e valore di scambio (ovvero valore di mercato), che riesca a non nascondere o rifiutare la questione del mercato, ma affrontandola da una prospettiva meno prevedibile. La ricerca, da articolarsi, in primo luogo, soprattutto attraverso un ricorso allo studio delle letture della nozione marxiana di valore d'uso che sono emerse, anche da parte di studiose femministe, a partire dagli anni Settanta del Novecento[11], è ancora in gran parte da svolgere. Mi limiterò, quindi, in questa sede a un unico esempio, cui segue una proposta di comparazione.

In un saggio del 1991 intitolato "Women and the Rise of the Novel. A Feminist-Marxist Theory"[12], Josephine Donovan dà conto di alcune delle ragioni per le quali molte donne che ebbero intenzione di scrivere optarono per la forma romanzo. Donovan sostiene che le donne si trovarono in una posizione unica per contribuire allo sviluppo di quella forma non canonica che fu il romanzo ai suoi esordi moderni proprio in virtù della loro collocazione storica come produttrici di valore d'uso, elemento che è per Donovan assolutamente intrecciato al rapporto con la dimensione domestica e quindi l'esperienza del quotidiano. Questo legame al valore d'uso avrebbe fornito loro il giusto posizionamento sia per elaborare un sistema di categorie estetiche inedite, sia per criticare l'ethos delle merci e del loro scambio, anch'esso in rapida espansione nel medesimo periodo, come se una non corrispondenza al ruolo rimandasse anche alla possibilità di sottrarsi alternativamente all'alienazione che caratterizza la vita sociale. Nei suoi sviluppi futuri, dunque, questa ricerca intenderà mettere alla prova la cornice elaborata da Donovan e altre studiose anche al caso della fotografia e delle donne fotografe.

A mia madre, ai sui gesti, grandi e piccoli

1. Ringrazio Cristina Casero per l'invito a intervenire al convegno "Rispecchiamento indagine critica testimonianza. Fotografia e femminismo nell'Italia degli anni Settanta", prima, e a contribuire al volume, poi. Grazie anche a Gabriella Guerci e Giovanna Calvenzi.

2. Riporto qua alcuni titoli, anche se non si tratta, naturalmente, di un elenco esaustivo: "Hypatia: A Journal of Feminist Philosophy", Vol. 5, n. 2, 1990 (*Feminism and Aesthetics*); "The Journal of Aesthetics and Art Criticism", Vol. 48, n. 4, 1990 (*Feminism and Traditional Aesthetics*); Battersby Christine, *Gender and Genius: Towards A Feminist Aesthetics*, Indiana University Press, Bloomington 1990; Brand Peg Zeglin (ed.), *Beauty Unlimited*, Indiana University Press, Bloomington 2013; Brand Peg Zeglin, "Feminism and aesthetics", in L. M. Alcoff, E. F. Kittay (eds.), *The Blackwell Guide to Feminist Philosophy*, Blackwell, Malden 2000, pp. 266-282; Brand Peg Zeglin, Korsmeyer Carolyn, *Feminism and Tradition in Aesthetics*, Pennsylvania University Press, University Park (PA), 1995 Devereaux Mary, "Autonomy and Its Feminist Critics", in M. Kelly (ed.), *Encyclopedia of Aesthetics*, Vol. 1, Oxford University Press, 1998, pp. 178-182; Eaton, Anne Wescott, "Standpoint Aesthetics", in S. Davies et al. (eds.), *A Companion to Aesthetics*, Blackwell, Malden, 2009, pp. 272-27; Edmonson Belinda, "Black Aesthetics, Feminist Aesthetics, and the Problems of Oppositional Discourse, in "Cultural Critique", n. 22, 19, pp. 75-98; Hein Hilde, Korsmeyer Carolyn (eds.), *Aesthetics in Feminist Perspective*, Indiana University Press, Bloomington,

1993; Irvin Sherri (ed.), *Body Aesthetics*, Oxford University Press, Oxford, 2016; bell hooks, *Black Looks. Race and Representation*, Routledge, New York, 2015; Klinger Cornelia, "Aesthetics", in A. M. Jaggar, I. M. Young, *A Companion to Feminist Philosophy*, Blackwell, Malden, 2000, pp. 343-352; Klinger Cornelia, "The Concepts of the Sublime and the Beautiful in Kant and Lyotard", in "Constellations", 2, 2, 1995, pp. 207-223; Korsmeyer Carolyn, *Gender Aesthetics. An Introduction*, Routledge, London, 2004; Lintott Sheila, "Feminist Aesthetics and the Neglect of Natural Beauty, in "Environmental Values", Vol. 19, N. 3, August 2010, pp. 315-333; Musgrave L. Ryan (ed.), *Feminist Aesthetics and Philosophy of Art: Critical Visions, Creative Engagements*, Springer (in pubblicazione). È facile notare che la maggior parte della letteratura proviene dall'area angloamericana. A partire dall'analisi di questi testi, sarebbe importante portare avanti un lavoro autonomo di reperimento di categorie critiche, e non applicare quelle già disponibili ad altre aree geografiche e culturali.

3. Pur correndo il rischio di una citazione estrapolata dal suo contesto, vorrei menzionare almeno un esempio tratto dall'opera di Burke. La parte terza del volume, dedicata all'analisi dei caratteri della bellezza, contiene un paragrafo relativo alla trattazione della così detta "variazione graduale", cioè l'idea secondo la quale gli oggetti belli sarebbero formati in modo da condurre l'occhio di chi li guarda a un movimento attento ma sempre vario e continuo: i contorni degli oggetti belli, infatti, secondo Burke, mutano costantemente, ma mai in modo improvviso, tanto che l'occhio può abituarsi senza scosse a tali cambiamenti, e dunque può provare piacere ad attardarsi su tali oggetti. Il primo oggetto preso ad esempio da Burke è una colomba la quale "concorda benissimo con la maggior parte delle condizioni richieste dalla bellezza. È liscia e morbida; le sue parti sono, se mi è concessa l'espressione, fuse l'una nell'altra; non trovate nessuna improvvisa protuberanza nella sua forma; eppure la sua forma varia continuamente." Alla riga seguente, tuttavia, Burke passa a un esempio più chiaro, che sembra quasi richiamato da un'analogia aspettuale, se non da una congenerità. Scrive così: "Osservate quella parte di una bella donna, per cui forse è più bella, intorno al collo e al petto: la levigatezza, la morbidezza, la lieve curva insensibile, la varietà della superficie, che non è mai la stessa entro il minimo spazio, l'ingannevole perplessità attraverso la quale l'occhio non fisso scivola vertiginosamente, senza sapere dove fermarsi né dove sia portato. Non è questa una prova di quel mutamento di superficie continuo, eppure appena percettibile in ogni suo punto, che forma uno degli elementi principali della bellezza?" (Burke Edmund, *Inchiesta sul Bello e il Sublime*, Aesthetica Edizioni, Palermo, 1987, p. 180).

4. Questa definizione di "estetica della vita quotidiana" sarà utilizzata in un senso molto ristretto e insieme molto eterodosso. Per una chiara e generale descrizione di questa prospettiva filosofica, cfr. Iannilli Gioia Laura, "Everyday Aesthetics", "International Lexicon of Aesthetics", Autumn 2018 Edition, https://lexicon.mimesisjournals. com/archive/2018/autumn/ EverydayAesthetics.pdf.

5. Cfr. Lonzi Carla, *Il significato dell'autocoscienza nei gruppi femministi*, Scritti di Rivolta Femminile, Milano 1972.

6. Lonzi Carla, *Taci, anzi parla*, Scritti di Rivolta Femminile, Milano 1978, p. 763 e 767. Su questa idea di gesti "fatti d'aria", cioè gesti sottratti alla logica della produzione torneremo brevemente nel prossimo paragrafo. Essa rientra in una riflessione cui le conclusioni di questo testo potranno soltanto accennare, che sarà tema di un prossimo e più articolato lavoro su una possibile lettura della nozione marxiana di "valore d'uso" a partire da alcuni esempi di fotografia delle donne come casi di studio.

7. Questo vuoto culturale dal quale inizio a sapere "non è – scrive Carla Lonzi nel 1977– l'integrità originaria, ma un logorare continuamente i legami inconsci col mondo maschile vivendoli e prendendone coscienza. L'autenticità possibile a ciascuna si mette alla prova in questo processo" (Lonzi Carla, *Itinerario di riflessioni*, in Chinese Maria Grazia, Lonzi Carla, et al. *È già politica*, Scritti di Rivolta Femminile, Milano 1977, p. 36. Cfr. anche Zapperi Giovanna, *Carla Lonzi. Un'arte della vita*, DeriveApprodi, Roma 2017, p. 90.

8. Woolf Virginia, *Una stanza tutta per sé* (1929), SE, Milano 1995, pp. 61-62.

9. Cfr. Lonzi Carla, *Sputiamo su Hegel*, in Lonzi Carla, *Sputiamo su Hegel. La donna clitoridea e la donna vaginale e altri scritti*, Scritti di Rivolta Femminile, Milano 1974, p. 21.

10. Gli argomenti di tale critica risultano assai meno diffusi, in letteratura, rispetto a quelli di testi considerati internazionalmente canonici quali: Pollock Griselda, "Artists Mythologies and Media Genius, Madness and Art History", in "Screen", Vol. 21, n. 3, 1980, pp. 57-96; Kelly Mary, "Re-viewing Modernist Criticism", in "Screen", Vol. 22, n. 3, 1981, pp. 41-52. Particolarmente rilevante per questa ricostruzione sono le riflessioni di Lonzi Carla, *Vai pure. Dialogo con Pietro Consagra*, Scritti di Rivolta Femminile, Milano, 1980 per l'analisi delle quali mi permetto di rimandare a Bertelli Linda e Equi Pierazzini Marta, "'Le thème est l'authenticité': une analyse de Carla Lonzi à travers le processus d'écriture de *Vai pure. Dialogo con Pietro Consagra*" in "L'Homme et la Société", 203-204, 2017, pp. 203-232.

11. Già dalla fine degli anni Sessanta, il dibattito aperto in area marxista sull'analisi di alcune nozioni come quella di valore (d'uso e di scambio) o di feticismo delle merci attraversa anche la critica della cultura, includendo l'estetica. Il femminismo cui ho fatto riferimento in questo testo potrebbe essere rilevante per lo studio dei rapporti tra opera e oggetto.

12. Donovan Josephine, "Women and the Rise of the Novel. A Feminist-Marxist Theory", in "Signs", Vo. 16, n. 3, Spring 1991, pp. 441-462.

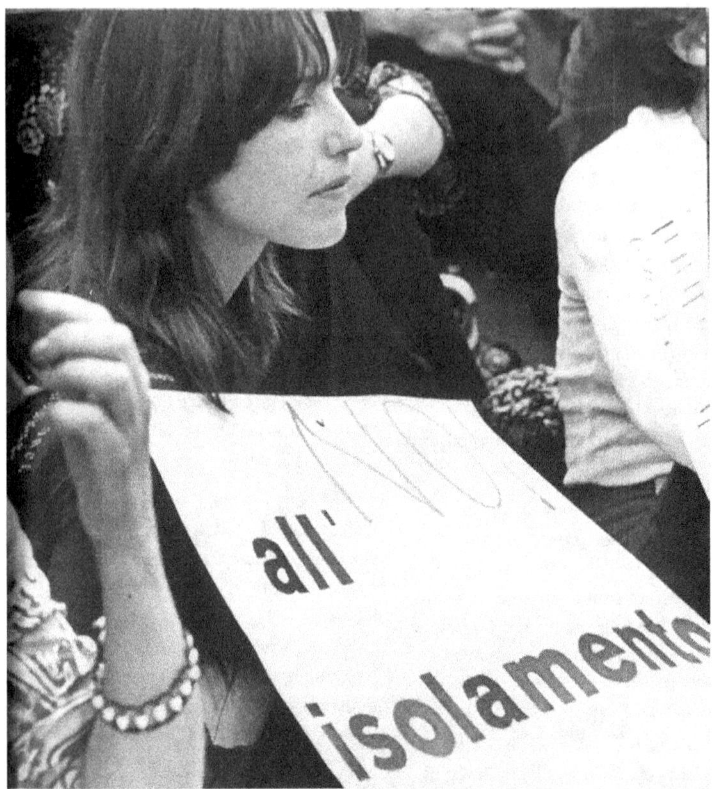

1
NO ALL'ISOLAMENTO

Con le manifestazioni vogliamo comunicare i contenuti della nostra lotta all'esterno, e prima di tutto alle altre donne che ancora non sono con noi. Oggi vogliamo anche comunicare tra noi, con il corpo e con i gesti, con il vivere in piazza la nostra pratica femminista, con il comunicare non semplici obiettivi di lotta ma esperienze, pratica di vita, utopie realizzabili (!), «un modo diverso di stare tra donne».

All'inizio volevamo solo dire a tutti che esistevamo e che lottavamo partendo da noi stesse; le nostre prime manifestazioni erano una sfida, una trasgressione.

Scendiamo in piazza in poche, ancora isolate, ancora ignorate, sotto il peso di tutta una mitologia antifemminista, a gridare i temi dell'autocoscienza, del separatismo, dell'autonomia. Portiamo il nostro carico di rivendicazioni, di denunce, coprendo il nostro corpo di cartelli, i nostri corpi carichi di alienazione, con il viso teso e senza gioia.

Siamo serie, compatte; sentiamo di doverci difendere mentre per la prima volta troviamo il coraggio di gridare i nostri slogan contro la famiglia, per l'aborto libero e gratuito; e questo coraggio ce lo dà il senso di unità e di solidarietà che ci unisce, la coscienza di essere tutte oggetto della stessa oppressione e dello stesso sfruttamento.

Sappiamo che «il personale è politico»; ma fare le manifestazioni significa portare la lotta dal terreno tutto interno della presa di coscienza, della ricerca di identità tra donne, al terreno tradizionalmente

Pagina da *Riprendiamoci la vita. Immagini dal movimento delle donne* di Paola Agosti, Silvia Bordini, Rosalba Spagnoletti, Annalisa Usai, Savelli, Roma 1976

"Donne Contro": libri fotografici e femminismo in Italia

Raffaella Perna

Nel 1976, a distanza di pochi mesi l'uno dall'altro, vedono la luce due libri fotografici fondamentali nella storia del neofemminismo italiano: si tratta, rispettivamente, di *Donne Immagini* di Marcella Campagnano, pubblicato nel gennaio dalla casa editrice milanese Moizzi nella collana *Donne contro* e *Riprendiamoci la vita. Immagini dal movimento delle donne* di Paola Agosti, Silvia Bordini, Rosalba Spagnoletti, Annalisa Usai, edito nel settembre dello stesso anno dall'editore romano Giulio Savelli[1]. In entrambi i volumi trovano espressione i nuovi valori emersi in seno all'esperienza dei gruppi femministi italiani che, a quella data, hanno già alle spalle oltre un quinquennio di pratica nell'autocoscienza e importanti vittorie nel campo dei diritti civili: in particolare il No al referendum per l'abrogazione della legge sul divorzio (1974) e la riforma del diritto di famiglia (1975), grazie alla quale viene assestato un duro colpo ai privilegi dell'uomo all'interno del nucleo familiare con l'abolizione della "potestà maritale", istituita nel Codice civile del 1942 sul modello della precedente e ancora più restrittiva "autorizzazione maritale", sancita dal codice Pisanelli nel 1865. Entrambi i libri manifestano l'urgenza di ripensare i canoni della rappresentazione fotografica del corpo della donna e, soprattutto, di riflettere sullo sguardo che le donne rivolgono su sé stesse e sul mondo.

Benché con gradazioni diverse, questi libri condividono il carattere collettivo, dove la soggettività delle autrici è concepita in rapporto diretto con quella delle altre donne ritratte. Le dinamiche relazionali e il carattere dialogico sperimentati nell'autocoscienza diventano parte del processo fotografico e dell'ideazione di entrambi i volumi che, da questo punto di vista, sono vicini ad altri importanti libri fotografici legati al movimento delle donne, come ad esempio *Immagini del no* di Anna Candiani e Paola Mattioli, edito nel 1974 da Vanni Scheiwiller[2], *Ci vediamo mercoledì. Gli altri giorni ci immaginiamo* del Gruppo del mercoledì pubblicato da Mazzotta[3] nel 1978 o il volume uscito nel 1977 per l'editore Guaraldi *Io sono mia* che, malgrado non sia in senso stretto un libro fotografico, presenta una significativa raccolta di fotografie di Luisa di Gaetano, scattate in occasione della produzione dell'omonimo film diretto da Sofia Scandurra, con soggetto di Dacia Maraini e musiche di Giovanna Marini.

Benché le istanze politiche contenute in *Donne Immagini* e *Riprendiamoci la vita* siano per molti aspetti simili, a un esame più attento le differenze sono profonde. Analizzare questi volumi, come si proverà a fare in questo contributo, consente di farne emergere i tratti specifici e soprattutto di porre l'attenzione sulla diversa concezione che le autrici hanno del medium fotografico e specialmente del libro fotografico. Talvolta, infatti, il termine "libro fotografico" – o il suo corrispettivo inglese Photobook, oggi particolarmente in auge[4] – funziona come un ombrello dalle falde larghe sotto il quale si fanno rientrare libri prodotti in contesti editoriali differenti o che appartengono a tradizioni fotografiche distanti tra loro. Ripercorrere nel dettaglio la genesi di *Donne Immagini* e *Riprendiamoci la vita*, contestualizzandone la storia alla luce delle diverse pratiche e teorie emerse nel biennio 1975-1976 rispettivamente a Milano e a Roma, permette di restituire la molteplicità di posizioni emerse in quel periodo nella cultura fotografica legata al movimento delle donne.

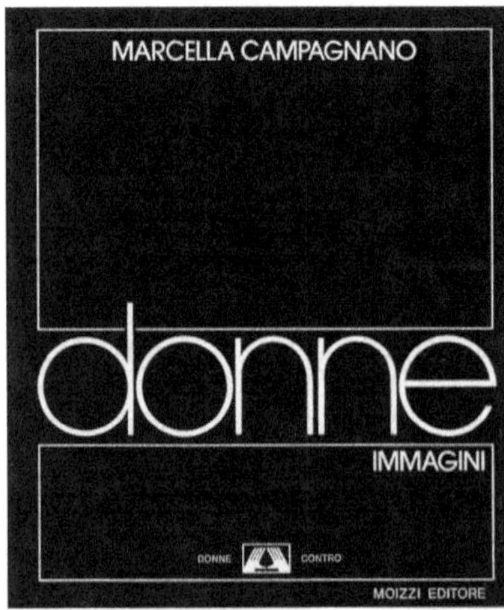

Copertina del libro fotografico *Donne Immagini* di Marcella Campagnano, Moizzi Editore, Milano 1976

Un dialogo tra Marcella Campagnano, sua sorella Lidia, giornalista, scrittrice e autrice dell'introduzione di *Donne Immagini*, e Marina Becchetti, curatrice della collana *Donne contro*, pubblicato nel maggio del 1976 sulla rivista femminista *Effe*[5], dà un quadro preciso delle idee che, a distanza di pochi mesi dalla pubblicazione del volume, animano le varie figure coinvolte nel progetto editoriale e offre un punto di vista privilegiato sulla concezione della fotografia espressa all'epoca da Marcella Campagnano, alla quale, oltre alle immagini, si deve l'impaginazione del libro. "Non è stata proprio un'intenzione voluta quella di far pubblicare Donne immagini come primo libro della collana femminista Donne contro", spiega Becchetti, "è capitato per una serie di circostanze che riguardavano il lavoro (redazione, tipografia ecc.), ma a questo punto non mi sembra più un caso del destino vista la serie di contraddizioni che si sono aperte dopo la sua pubblicazione nel mondo dei libri"[6]. Becchetti si riferisce in primo luogo alla scelta, niente affatto scontata, di trasformare un'esperienza nata all'interno del femminismo in un prodotto destinato a circolare, al pari di una merce, nel circuito dell'industria culturale. Un'altra criticità rilevata dalla curatrice della collana riguarda la difficile recezione del libro,

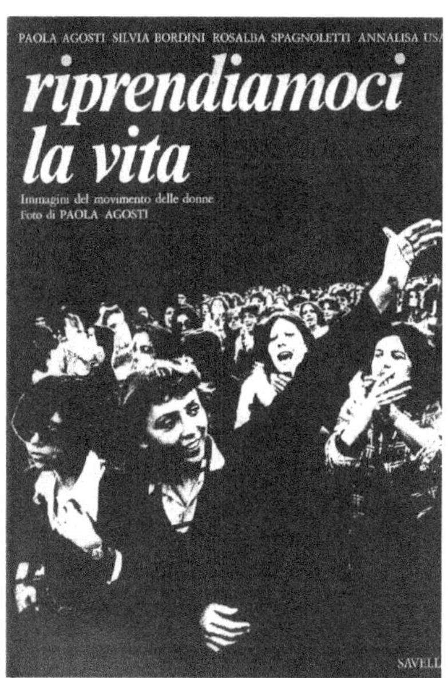

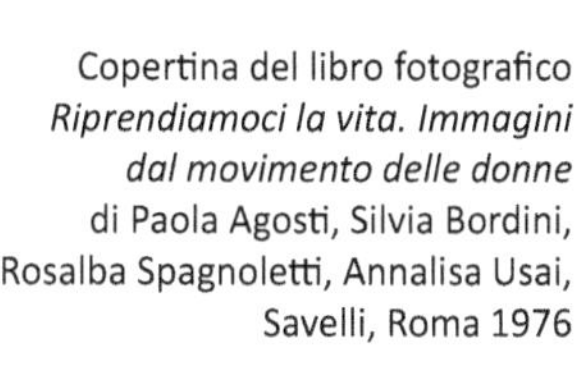

Copertina del libro fotografico
*Riprendiamoci la vita. Immagini
dal movimento delle donne*
di Paola Agosti, Silvia Bordini,
Rosalba Spagnoletti, Annalisa Usai,
Savelli, Roma 1976

causata, a suo giudizio, "dalla difficoltà specifica di rapporto con un linguaggio, quello fotografico, poco affrontato"[7].

Lidia Campagnano si spinge oltre, individuando nella natura stessa delle fotografie presenti nel libro una complessità di lettura dovuta al fatto che il pubblico non si trova di fronte a "foto piacevoli e neanche a foto di denuncia"[8]. *Donne immagini* presenta infatti una struttura articolata, dove l'uso di immagini fotografiche e testi non si colloca nell'alveo della tradizione del reportage di denuncia sociale, ma in quello delle ricerche concettuali. Sul crinale tra libro fotografico e libro d'artista, *Donne immagini* raccoglie serie fotografiche diverse, realizzate in un arco temporale che va dalla seconda metà degli anni Sessanta alla metà dei Settanta: spesso ricordato soltanto per la presenza dei *Ruoli* – l'opera più celebre di Campagnano, che nel libro fa la sua prima comparsa – *Donne Immagini* contiene anche una serie di fotografie scattate in strada appartenenti al primo periodo di attività dell'autrice, insieme ad alcuni ritratti di donne e fotografie di raduni femministi (a Pinarella di Cervia, Viareggio, Femo). Nel pubblicare i ritratti Campagnano adotta uno schema a griglia, vicino a quello usato in ambito concettuale, ma già sperimentato da Walker Evans nella serie dei *Subways Portraits* (raccolti insieme nel 1959). A differenza di Evans, tuttavia, Campagnano si concentra unicamente sui volti femminili e agisce con la piena collaborazione dei soggetti ritratti, caratteristica, quest'ultima, che sarà fondamentale anche nei *Ruoli*.

Nell'impaginare le fotografie che documentano cortei e incontri femministi (le più legate alle forme del reportage) l'artista studia una soluzione grafica che si differenzia dal resto del volume: le fotografie – pubblicate in formato più piccolo – sono disposte su due colonne che si sviluppano in verticale lungo i margini esterni delle pagine. Tale formula, che contraddice la singolarità dell'immagine fotografica di tradizione modernista, permette all'artista di creare una narrazione di taglio cinematografico e nel contempo, grazie alle dimensioni ridotte delle immagini, le consente di porre in sottordine l'importanza dei raduni femministi, considerati come uno tra i molteplici aspetti

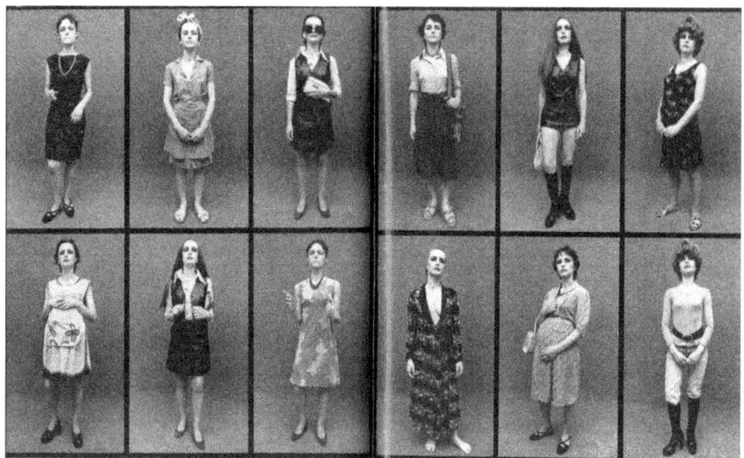

Pagine tratte da *Donne Immagini* di Marcella Campagnano, Moizzi Editore, Milano 1976

del femminismo, non il principale. Lo stesso spirito antimodernista si ritrova nelle fotografie di donne ritratte per la strada, che si allontanano dai canoni della Street Photography: in queste immagini, spiega Campagnano, "anziché rapire il momento impressionistico fuggente ho fatto un'operazione volontaria di ricostruzione di una condizione"[9]. Donne di diverse generazioni sono ritratte in posizione frontale – sul modello di August Sander – con lo sguardo rivolto in camera, mentre alle loro spalle compaiono i segni del tessuto urbano: manifesti lacerati, muri sbrecciati, casse automatiche continue. Queste ultime in particolare alludono, da un lato, alla mercificazione del corpo della donna, dall'altro, alla qualità automatica del processo fotografico. La serie costituisce l'antecedente più diretto per il successivo lavoro sui *Ruoli*, per il quale tuttavia Campagnano non si serve più di un'ottica a lunghezza focale breve come il grandangolo, ma riduce al minimo le scelte di carattere tecnico: "La macchina, fissa sul cavalletto, era usata come un elettrodomestico, un frigorifero di cui apri e chiudi lo sportello"[10]. È infatti il processo relazionale e di trasformazione identitaria, volto a porre in crisi i ruoli stereotipati della femminilità, a costituire il fulcro di queste immagini, concepite come un "teatro dell'esperienza"[11]. Su questo aspetto si concentra Marina Becchetti:

Nelle foto di Marcella io vedo il tentativo di rompere questa netta separazione tra soggetto e oggetto. Non si può non sentire che la propria storia di donna riguarda la storia di quelle donne e viceversa, e tale consapevolezza fa scattare contemporaneamente reazioni di identificazione e di rifiuto[12].

Nel carattere relazionale di queste immagini – dove l'autoritratto si fonde con i ritratti delle altre donne – risiede non soltanto la differenza con la ricerca di altre artiste internazionali che negli stessi anni lavorano sugli stereotipi di genere, come Renate Bertlmann o Cindy Sherman, ma anche la capacità di Campagnano di esprimere fotograficamente l'affettività e le tensioni emerse nei gruppi di autocoscienza, a cui l'artista partecipa nel collettivo milanese di Via Cherubini. Benché il femminismo a Milano abbia una fisionomia frastagliata, in cui convivono visioni diverse, talvolta conflittuali (si pensi ad esempio alle differenze tra i gruppi di Rivolta Femminile e Lotta Femminista), la riflessione sulla relazione tra corpo, sessualità e psicanalisi ha un peso centrale, grazie al confronto diretto con le esponenti del gruppo francese Po et Psy, Politique et Psychanalyse. La ricerca di una *écriture féminine*, che si distacchi da quella maschile non soltanto sul piano dei contenuti, ma anche nell'articolazione del linguaggio, teorizzata verso la metà del decennio da Hélène Cixous, Luce Irigaray, Julia Kristeva (tutte esponenti di *Po et Psy*), trova eco in *Donne Immagini*: nel libro, soprattutto nei *Ruoli*, emerge infatti l'esigenza di sperimentare una pratica fotografica che ripensi il processo stesso del fotografare in base a un'ottica di genere e intervenga sulle dinamiche con cui la donna si confronta e si esprime attraverso il *medium*. In tale prospettiva, il concetto di istante decisivo tipico della teoria fotografica di Cartier-Bresson o la tradizione della fotografia documentaria perdono centralità, perché ritenuti linguaggi ancorati a una visione gerarchica del mezzo fotografico. "L'estraneità rispetto ai mezzi tecnici e ai linguaggi", scrive a tale proposito Lidia Campagnano, "è la nostra marginalità rispetto al mondo della produzione sia della cultura che delle merci. Un rapporto diverso con la fotografia, con la parola scritta, con la cultura insomma, è la possibilità di fare una riflessione e di esprimersi su un qualcosa che si vive e si trasforma insieme collettivamente"[13].

Un lavoro collettivo è alla base anche del libro *Riprendiamoci la vita*, ma a differenza di *Donne Immagine* in questo caso il carattere corale riguarda, più che il procedimento fotografico in sé, la struttura del libro, progettata in gruppo. La quasi totalità delle fotografie pubblicate (circa 150 su 170) è opera di Paola Agosti, fotografa formatasi alla fine degli anni Sessanta a contatto con la fotogiornalista Augusta Conchiglia, e che, a differenza di Campagnano, si riconosce nella tradizione della fotografia documentaria. Dal 1970 Agosti avvia un'intensa collaborazione con "Noi Donne", la rivista dell'Unione Donne Italiane, all'epoca diretta da Giuliana Dal Pozzo (da poco subentrata a Miriam Mafai), per conto della quale la fotografa documenta il lavoro delle donne in varie regioni d'Italia. A questo tema, a cui rimarrà a lungo legata, Agosti dedicherà il libro fotografico *La donna e la macchina*, pubblicato nel 1983 dalle Edizioni Oberon.

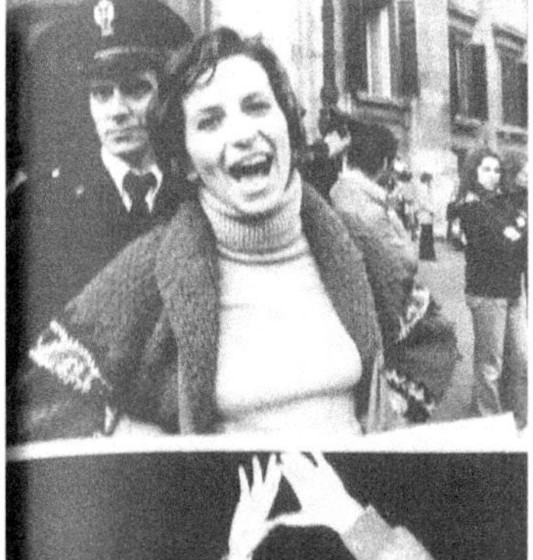

Pagina tratte da *Riprendiamoci la vita. Immagini dal movimento delle donne* di Paola Agosti, Silvia Bordini, Rosalba Spagnoletti, Annalisa Usai, Savelli, Roma 1976

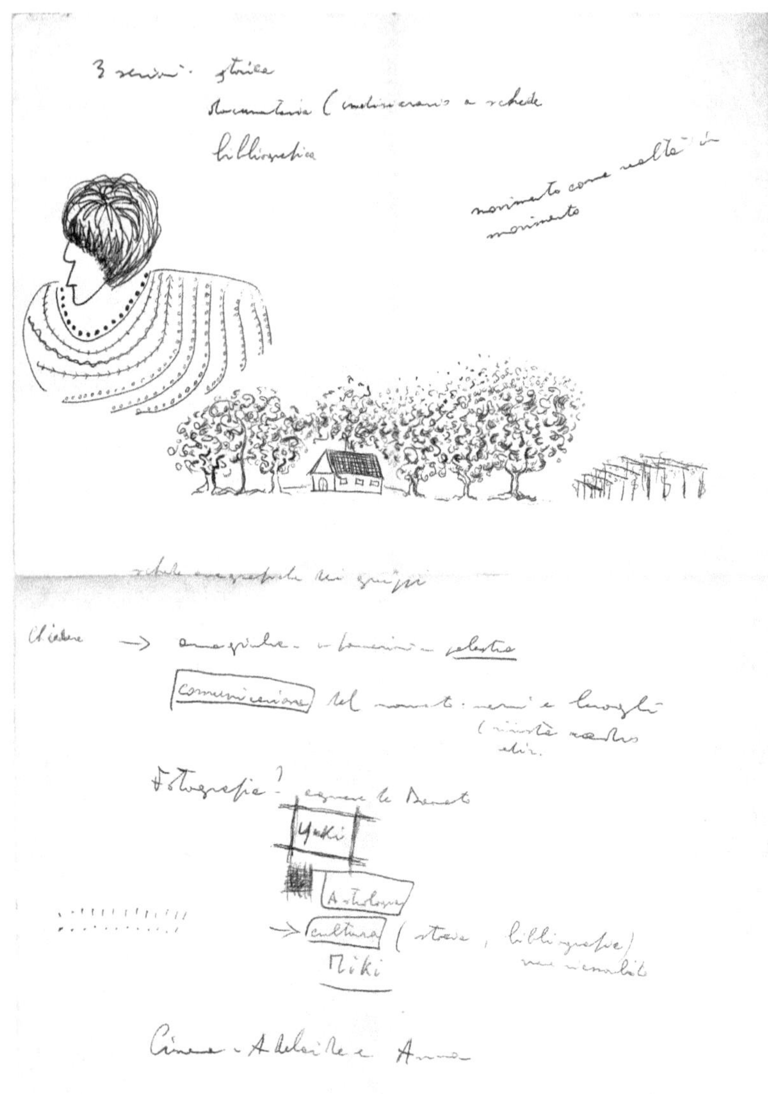

Nota autografa di Silvia Bordini, Roma 1975

Nel 1975 Agosti viene contattata da Dino Audino, che dal 1970 è direttore editoriale della casa editrice di Giulio Savelli. Fondata a Roma nel 1963 da Giuseppe Paolo Samonà e Giulio Savelli, con il nome di Samonà e Savelli, la casa editrice si impone nel panorama editoriale soprattutto per saggi e traduzioni di testi politici (tra i quali alcuni scritti di Trotskij, Lenin, Castro, Che Guevara). Dopo la fuoriuscita di Samonà, Savelli prende in mano le redini e, coadiuvato da Audino, imprime un cambio di rotta alla linea editoriale, che nel nuovo decennio si avvicina ai temi e ai linguaggi dei movimenti giovanili, con la pubblicazione, tra l'altro, anche di fumetti e canzonieri di musica popolare, per diventare in breve un riferimento per la cultura dei gruppi della sinistra extraparlamentare italiana[14]. Dai primi anni Settanta e lungo tutto il decennio la casa editrice dà ampio spazio alla riflesssione sul genere. Tra i molti possibili esempi: *I movimenti omosessuali di liberazione* (1972) a cura dell'attivista femminista e LGBT Mariasilvia Spolato; *Sesso contro sesso o sesso contro classe? Il mito dell'inferiorità della donna* di Evelyn Reed (1975); *L'ultimo uomo: quattro confessioni/riflessioni sulla crisi del ruolo maschile* a cura di Marco-Lombardo Radice, uscito nel 1977 nella fortunata collana *Il pane e le rose* con la copertina di Pablo Echaurren; *I movimenti femministi in Italia*, curato dalla stessa Rosalba Spagnoletti nel 1978.

Durante il decennio anche la fotografia trova ampio spazio nelle pubblicazioni della Savelli: nell'ottobre del 1975 esce *Come eravamo. Documenti fotografici per una storia delle lotte studentesche a Roma*, a cura di Adriano Mordenti; nel 1977 *Lavoro minorile. Interviste, testimonianze e cronache fotografiche dell'infanzia che lavora* di Maurizio Bizziccari; nel febbraio del 1978 *Riprendiamoci il parto! Esperienze alternative di parto: resoconti, testimonianze, immagini* di Raven Lang (pubblicato per la prima volta nel 1972 con il titolo *Birth Book*); nel dicembre dello stesso anno *Mettiamo tutto a fuoco! Manuale eversivo di fotografia* di Fabio Augugliaro, Daniela Guidi, Andrea Jemolo, Armando Manni[15]; e ancora nel 1978 *Il lungo inganno. Una sintesi storica e fotografica del dramma degli indiani d'America* di Lucio Ranucci.

È in questo contesto editoriale che viene pubblicato *Riprendiamoci la vita. Immagini dal movimento delle donne*, con la copertina progettata dal grafico e illustratore romano Giuliano Vittori. Ai testi introduttivi di Usai, Spagnoletti e Bordini, seguono le fotografie di Paola Agosti, inframmezzate da alcune immagini selezionate dalle autrici "a completamento della documentazione"[16] del libro, scattate dalla stessa Bordini, da Marzia Malli, Daniela Maria Turriccia, Aldo Bonasia, Fabrizio Calisse, Romano Gentile, Adriano Mordenti e Sebastiano Porretta (senza che i nomi risultino però associati alle relative foto). Nella scelta delle fotografie da pubblicare intervengono, insieme ad Agosti, tutte le autrici coinvolte nel progetto. Anche l'impianto del libro, come si è detto, è frutto di un lavoro collettivo: da un appunto preso da Bordini durante una delle riunioni del gruppo, sappiamo infatti che la struttura è stata oggetto di discussioni e ripensamenti. Inizialmente le sezioni ipotizzate erano tre: una di taglio storico, una documentaria con "un indirizzario a schede"[17] e una bibliografica. Tra i nomi riportati in questa nota, accanto alla scritta "fotografia?", compare anche quello di Agnese De Donato, fondatrice nel 1957 insieme a Gina Severini della libro-galleria romana il Ferro di Cavallo, poi fotografa e co-fondatrice di "Effe"[18]. Non è chiaro, tuttavia, quale

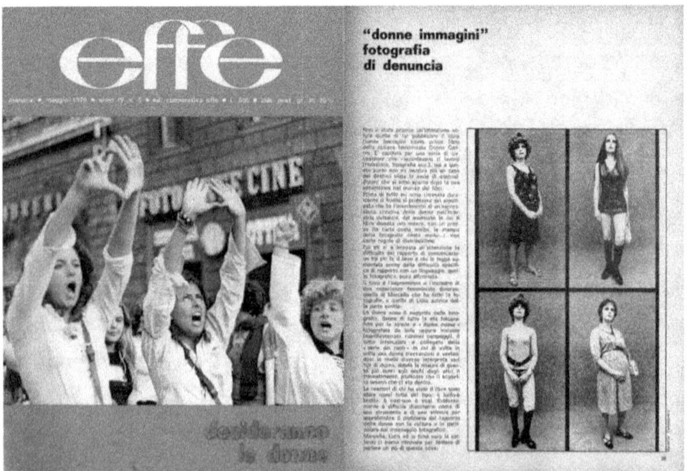

Articolo di Marina Becchetti, *"Donne immagini" fotografia di denuncia*, "Effe", maggio 1976

dovesse essere il suo ruolo nelle intenzioni delle autrici del volume. Nella sua versione finale *Riprendiamoci la vita* presenta invece cinque sezioni – intititolate, rispettivamente, *No all'isolamento*, *Decidiamo noi*, *Anche tra le donne fischia il vento...*, *Vogliamo anche le rose*, *Una pratica diversa* – che tracciano una traiettoria delle varie fasi vissute dalle autrici nel corso della loro pratica femminista. Ogni sezione è introdotta da un testo esplicativo o da stralci di manifesti e riviste prodotti da gruppi femministi, non soltanto romani, come ad esempio la testata milanese "Sottosopra". Il libro segue un andamento narrativo che va dalle prime manifestazioni, quando a scendere in piazza sono ancora in poche; all'affermazione del movimento, con discussioni, incontri e l'apertura di nuove sedi; al dibattuto sulla violenza e sul significato politico e rivoluzionario del "vogliamo anche le rose"; sino alla riflessione femminista sulla diversa modalità dello stare insieme e della relazione tra donne. Malgrado non manchino ritratti e fotografie che colgono momenti di intimità, la gran parte delle fotografie documenta manifestazioni, assemblee, azioni di gruppo da cui emergono la creatività, la gioia, l'esuberanza del movimento. Su questo aspetto riflette in particolare Spagnoletti:

L'impiego dello strumento tecnico fotografico ha operato, quasi inevitabilmente, una selezione: ha privilegiato il fuori della nostra pratica. Sono carenti, muti, inespressivi – perché non fotografabili – i momenti più importanti, il dentro della nostra politica: l'autocoscienza, l'esperienza comunitaria dei piccoli gruppi, il lavoro sull'inconscio e la sessualità. Ne troviamo tracce improvvise negli sguardi che sfiorano l'obiettivo [...]. Però non possiamo essere così schematiche, perché anche nel nostro fuori, nel nostro essere politiche secondo le pratiche tradizionali, portiamo le conquiste e i caratteri del nostro lavoro interno di femministe. Anche nelle manifestazione che ci vedono a migliaia in piazza portiamo la nostra autocoscienza, la capacità di stare tra noi [...]. Il dentro e il fuori non possono essere isolati in due spazi diversi, perché li viviamo contemporaneamente nel nostro corpo, nel nostro essere donne ogni giorno nei posti di lavoro, nella famiglia, nella coppia etero e omosessuale, nei partiti politici, tra le compagne, nella nostra rivoluzione quotidiana.[19]

Le questioni su cui si interrogano le autrici del libro sono frutto di un atteggiamento autoriflessivo e autocritico, che tuttavia non trascura il confronto con il "fuori". A differenza del femminismo milanese, a Roma, come ha notato Fiamma Lussana, il movimento è più disposto a farsi contaminare dalla realtà[20]. Tra il 1975 e il 1976 le mobilitazioni si intensificano: il 6 dicembre del 1976, su proposta del CRAC (Comitato romano per l'aborto e la contraccezione), oltre ventimila donne scendono in piazza per rivendicare l'istituzione di una legge che garantisca l'aborto libero, gratuito e assistito. È in questa fase che avviene una convergenza tra i gruppi più radicali del neofemminismo e le associazioni femminili storiche come l'UDI. A questa "pratica del fare", che trova nella capitale un terreno particolarmente fertile, fa capo l'esperienza di *Riprendiamoci la vita*, concepito dalle autrici come "uno strumento di intervento politico sulla realtà"[21], volto a documentare la storia del femminismo, pur nella consapevolezza della difficoltà che questo gesto comporta. A differenza di *Donne Immagini* dove è l'atto stesso del fotografare – la relazione tra soggetto e oggetto della visione – ad essere sottoposta a revisione critica, in *Riprendiamoci la vita* prevale invece l'urgenza di comunicare, anche all'esterno, le nuove consapevolezze raggiunte dal femminismo e di testimoniare, attraverso le immagini fotografiche di Agosti, i cambiamenti, le difficoltà, le contraddizioni, ma anche l'euforia e la creatività della rivoluzione culturale ed esistenziale del femminismo.

1. Campagnano Marcella, *Donne Immagini*, Moizzi Editore, Milano 1976; Agosti P.-Bordini S.- Spagnoletti R.-Usai A., *Riprendiamoci la vita. Immagini dal movimento delle donne*, Savelli, Roma 1976. Desidero ringraziare Piero Cavagna (Researcher and Curator for Photography and Photobooks alla Galleria Nazionale di Arte Moderna e Contemporanea di Roma) per il sostegno nelle ricerche. Un sentito ringraziamento va a Paola Agosti, Silvia Bordini e Marcella Campagnano per i consigli preziosi.

2. Sul libro *Immagini del no* e, più in generale, sulla fotografia di Paola Mattioli si rimanda a Casero Cristina, *Paola Mattioli. Sguardo di una fotografa*, Postmedia Books, Milano 2016 e Perna Raffaella, *Immagini del no e Un album di violenza: il femminismo italiano in due libri fotografici degli anni Settanta*, in Guadagnini Walter (a cura di), *Fotografia Europea. Rivoluzioni. Ribellioni, cambiamenti, utopie*, Silvana Editoriale, Cinisello Balsamo (MI), 2018 pp. 43-49. Una ricostruzione della mostra *Immagini del No* è stata proposta da Paolo Barbaro,

Cristina Casero e Claudia Cavatorta nell'ambito dell'eposizione *Figure contro. La fotografia della differenza*, Centro Studi e Archivio della Comunicazione (CSAC), Parma, 2018.

3. Sul libro *Ci vediamo mercoledì. Gli altri giorni ci immaginiamo* del Gruppo del mercoledì (Bundi Alberti, Diana Bond, Mercedes Cuman, Paola Mattioli, Adriana Monti, Esperanza Núñez, Silvia Truppi) si veda Casero Cristina, *"Ci vediamo mercoledì. Gli altri giorni ci immaginiamo". Invaluable Testimony to the Fertile Relationship Between Art, Photography And Feminism*, in Perna R.-Scotini M. (a cura di), *The Unexpected Subject. 1978 Art and Feminism in Italy*, Flash Art, Milano 2019, pp. 24-25.

4. Sul dibattito sul libro fotografico si rimanda a Bordini Silvia, *Photobook. L'immagine di un'immagine*, Postmedia Books, Milano 2020.

5. Becchetti Marina (a cura di), *"Donne immagini" fotografia di denuncia*, in "Effe", anno IV, n. 5, maggio 1976, pp. 39-40.

6. Ivi, p. 39.

7. *Ibid.*

8. Campagnano Lidia, in Becchetti Marina (a cura di), *"Donne immagini" fotografia di denuncia*, cit., p. 40.

9. Campagnano Marcella, in Becchetti Marina (a cura di), *"Donne immagini" fotografia di denuncia*, cit., p. 40.

10. Campagnano Marcella, "Con le immagini e la mia consapevolezza ho 'fatto' femminismo. Marcella Campagnano", in "Flash Art", 27 maggio 2019, https://flash---art.it/article/marcella-campagnano (ultima consultazione il 24/06/2020).

11. *Ibid.*

12. Becchetti Marina (a cura di), *"Donne immagini" fotografia di denuncia*, cit., p. 40.

13. Campagnano Lidia, in Becchetti Marina (a cura di), *"Donne immagini" fotografia di denuncia*, cit., p. 40.

14. Sull'attività della casa editrice Savelli si rimanda a Spignoli T.-Iocca F.-Larocca G.-Lo Monaco G., *Alle due sponde della cortina di ferro. Le culture del dissenso e la definizione dell'indentità europea nel secondo Novecento tra Italia, Francia e URSS (1956-1991)*, goWare, Firenze, 2019.

15. Su questo volume, e più in generale, sul rapporto tra militanza e libro fotografico in Italia si rimanda a Perna Raffaella, *"Mettiamo tutto a fuoco!" La fotografia e il Movimento del '77*, in Perna R.-Schiaffini I. (a cura di), *Etica e fotografia. Potere, ideologia e violenza dell'immagine fotografica*, DeriveApprodi, Roma 2015, pp. 95-113.

16. Agosti P.-Bordini S.-Spagnoletti R.-Usai A., *Riprendiamoci la vita. Immagini dal movimento delle donne*, cit., colophon.

17. Nota autografa di Silvia Bordini, 1975, consultata il 30 maggio 2020.

18. Sull'attività di Agnese De Donato all'interno della rivista si veda: Iamurri Laura, *Agnese De Donato, il movimento femminista e "Effe"*, in Casero C.-Di Raddo E.-Gallo F. (a cura di), *Arte fuori dall'arte. Incontri e scambi tra arti visive e società negli anni Settanta*, Postmedia Books, Milano 2017, pp. 137-144.

19. Spagnoletti Rosalba, *L'immagine, il movimento delle donne e l'informazione*, in Agosti P. - Bordini S. - Spagnoletti R. - Usai A., *Riprendiamoci la vita. Immagini dal movimento delle donne*, cit., s.i.p.

20. Lussana Fiamma, *Il movimento femminista in Italia. Esperienze, storie, memorie*, Carocci, Roma 2012, pp.86-95.

21. Citazione tratta dalla quarta di copertina del libro, firmata dalle quattro autrici.

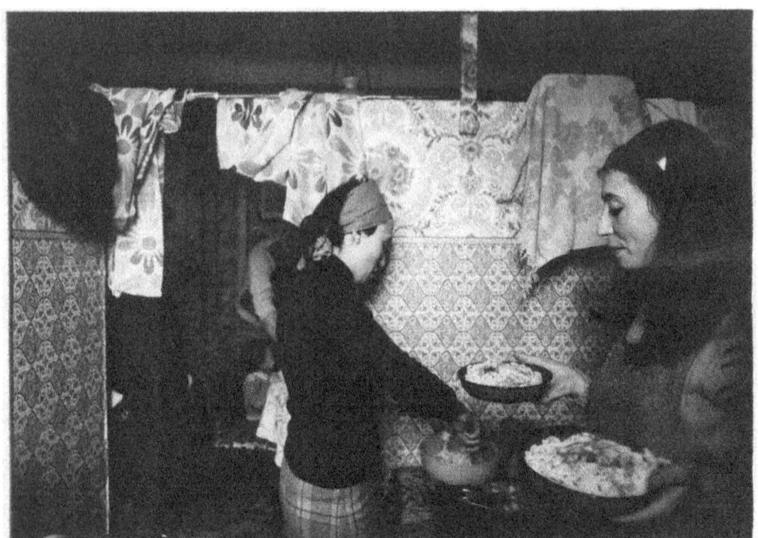

Carla Cerati, *Interno Casa di ringhiera, Quartiere Ticinese, Milano,* 1975
dalla serie *Donne di Ringhiera.* (Centro Studi e Archivio della Comunicazione,
Università di Parma, Sezione Fotografia, Fondo Carla Cerati). Courtesy Elena Ceratti

Carla Cerati. Raccontare le donne
fra reportage e sperimentazione narrativa

Lucia Miodini

Per Carla Cerati la fotografia ha rappresentato un mezzo di riappropriazione di sé, le ha offerto la possibilità di tenere insieme le dimensioni complementari del corpo e della mente, ma soprattutto è stata una stanza tutta per sé[1]. Allo stesso tempo la macchina fotografica è stata un diaframma tra sé e gli altri, un oggetto mimetico, quasi invisibile, che è diventato anche strumento di conoscenza e mediazione. Inizialmente Cerati rivolge il proprio sguardo all'ambiente che le è prossimo, quello degli affetti familiari, e orienta la sua attenzione all'universo fuori la porta di casa. Abita al primo piano di un edificio le cui finestre si affacciano sulla strada, dove, a saper guardare, accade sempre qualcosa. Dappoi percorre la città, attratta da un quartiere sconosciuto, un temporale, una nevicata, due bambini che giocano sul marciapiede. Fotografa i luoghi dell'industria, i volti degli intellettuali e scrittori che frequentano la libreria Einaudi. Nelle sue storie s'intrecciano spazi, itinerari urbani, mappe d'immagini per orientarsi nella geografia del quotidiano, dove i luoghi sono inseriti in una speciale topografia dell'immaginario. Narrando la città, i personaggi che la abitano o la attraversano, Cerati racconta sé stessa. Al tradizionale modo di fare reportage contrappone una raffinata teatralizzazione dei gesti e dei volti. Attraverso i suoi intensi ritratti modifica la cronaca in racconto. Questo sapere scavare nel ritratto e questo trasformare lo spazio del reale in scena fa comprendere perché abbia saputo cogliere, già a fine anni Sessanta, il senso degli spettacoli del Living Theatre, con foto di una tensione, di una violenza espressiva, anche nei contrasti di neri profondi, che non hanno confronti.

Dietro la facciata. 1975

La documentazione della vita quotidiana è, negli anni Settanta, un terreno d'indagine per molte fotografe. *Dietro la facciata: contributo per una ricerca sulla condizione della donna*, inchiesta fotografica sull'isolamento della donna nella casa di ringhiera, ideata nel 1975 da Carla Cerati, Anna Candiani, Giovanna Nuvoletti e Paola Mattioli, presuppone "la messa in discussione del modo di porsi dietro e davanti alla macchina fotografica"[2]. Il ruolo di oggettivazione che vuole l'immagine uguale alla realtà e l'operatore assente come soggetto era già stato ricusato nelle ricerche sulla condizione femminile, tematizzato in concomitanza con le prime esperienze italiane del movimento femminista, in ambito storico e sociologico. A metà decennio il superamento del piano rivendicativo ed emancipatorio apre nuovi orizzonti allo sguardo. *Dietro la facciata* che non si colloca in un modo tradizionale di fare reportage che lasci inalterato il rapporto tra la fotografa e il soggetto fotografato, ne è un esempio.

L'idea della mostra, allestita dal 15 al 23 marzo 1975 nella sezione culturale del Sicof, la fiera milanese annuale di fotografia diretta da Lanfranco Colombo, è sorretta dal progetto di raffrontare i modi espressivi delle fotografe: quattro reportage paralleli per valorizzare le differenze di punto di vista, di approccio all'argomento, di specificità nell'uso del mezzo[3]. Lo sguardo consapevole e i meccanismi percettivi sono, dunque, essi stessi un campo d'indagine. Se diversi sono i linguaggi e gli stili utilizzati, si rivela essenziale lo sguardo relazionale che coinvolge le autrici tra loro e con il soggetto dell'immagine. Abbiamo individuato, chiariscono le fotografe, come primo campo d'indagine una casa di tipo popolare, di ringhiera, nella vecchia Milano, cioè la struttura abitativa che dovrebbe dare maggiori possibilità di rottura all'isolamento della donna, perché la realtà del casermone di periferia avrebbe accentuato il senso d'emarginazione. Nella casa di ringhiera, emergono, infatti, con maggiore chiarezza contraddizioni specifiche, e una complessa articolazione di mestieri, condizioni economiche e umane. Non è casuale che l'inchiesta

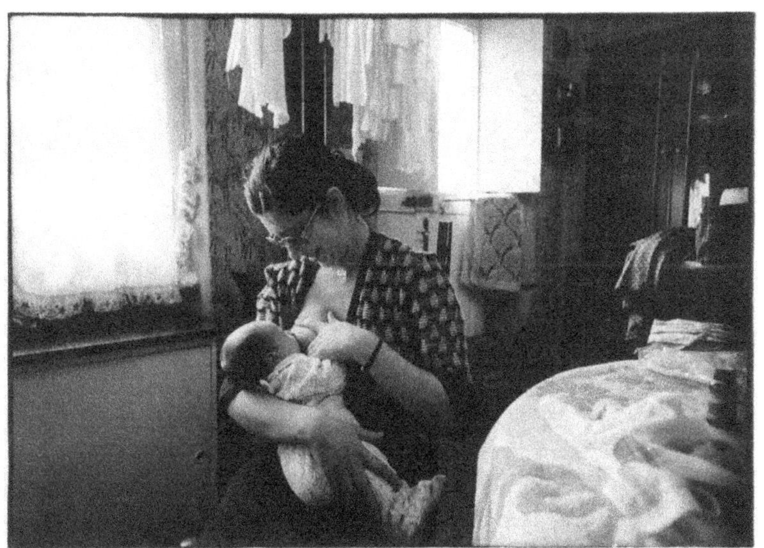

Carla Cerati, *Abitazione privata, interno. Via Ascanio Sforza, Milano*, febbraio 1975 dalla serie *Donne di ringhiera*, riproposto nella serie *Milano Metamorfosi*, capitolo *Storia di alberi, case e strade*, 1977. (Centro Studi e Archivio della Comunicazione, Università di Parma, Sezione Fotografia, Fondo Carla Cerati) - Courtesy Elena Ceratti

fotografica sia stata fatta da quattro donne, perché "l'essere donna comporta un approccio specifico, una possibilità di cogliere il problema dall'interno"[4]. Il rapporto solidale che è alla base del progetto condiviso, si rivela un'occasione per verificare se stesse come soggetti politici, come donne, come fotografe. Qualche mese dopo, Romana Loda seleziona questa ricerca per la sezione *La donna: condizione/protesta* della mostra Magma[5].

A fine anni Settanta, Cerati riutilizza alcuni scatti dell'indagine sulla condizione femminile in *Milano Metamorfosi,* una complessa struttura narrativa in forma di libro che si può leggere come un romanzo o un saggio, dove i singoli sintagmi visivi non hanno uno sviluppo lineare e neppure sequenziale, ed è il collegamento sintattico a creare un ordine nel montaggio, capace di costruire nuovi nessi significanti tra le immagini. Se la funzione della narrativa,

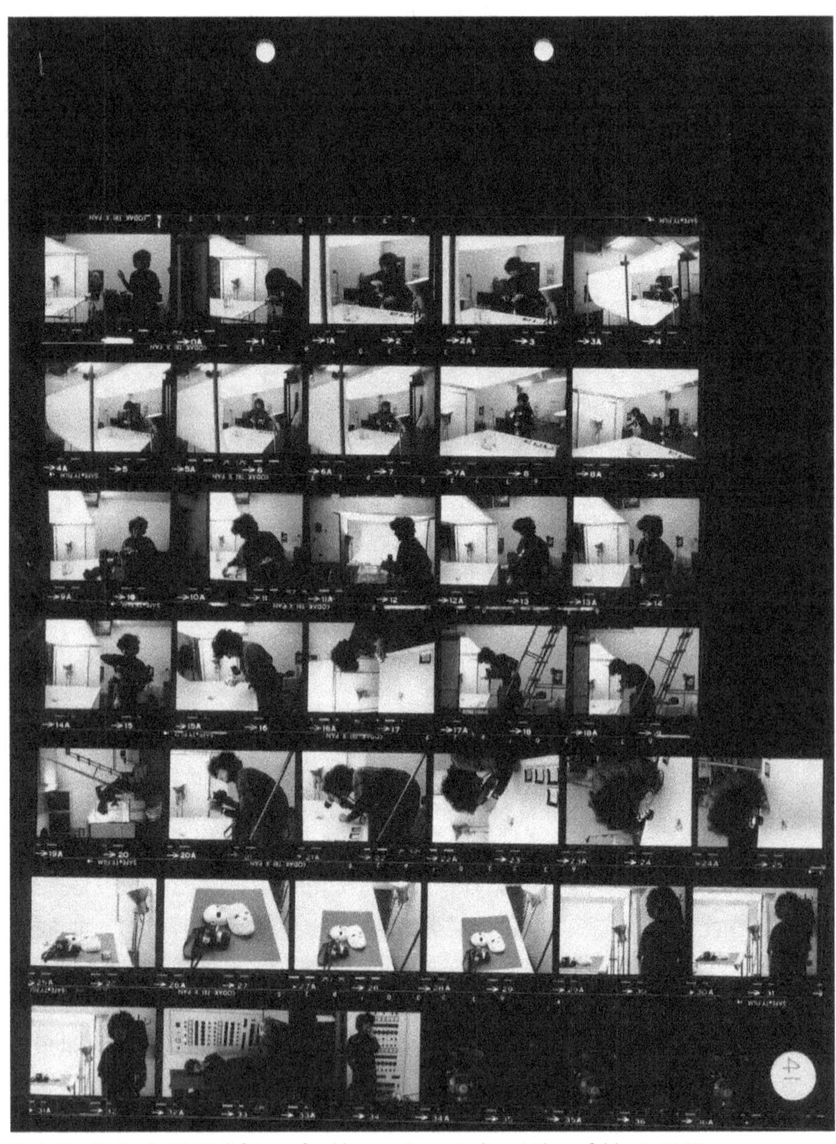

Carla Cerati, *Paola Mattioli fotografa al lavoro. Casa-studio a Milano*, febbraio 1977
Foglio provini. Carla Cerati- Courtesy Elena Ceratti

afferma Hannah Arendt[6], è di dare il chi dell'azione, il primo passo è lo scambio di ricordi, esperienze, progetti attuato da Cerati che non racconta la città, perché è Milano stessa a essere una forma di narratività ermeneutica rispetto all'abitare, al vivere insieme nelle forme complesse della cura e del lavoro. A tutto ciò Carla orienta il suo sguardo per tornare a rivolgerlo su di sé.

Professione fotografa. 1977

Quando nel 1977 partecipa alla sezione culturale del Sicof, Cerati ha già pubblicato *Un amore fraterno* (1973); *Un matrimonio perfetto* (1975) e qualche mese prima dell'inaugurazione della mostra milanese, dà alle stampe *La condizione sentimentale* (1977). I romanzi formano una trilogia sulla condizione femminile. Cerati fotografa precede la scrittrice, ma ciascuna delle due attività presuppone l'altra e la completa. Per comprendere i rapporti tra fotografia e scrittura si deve rinunciare a una lettura settoriale, per generi, del suo lavoro. Anche se Cerati afferma che la fotografia le è servita per raccontare il presente, mentre la narrativa a raccontare il passato, a rievocare e ricostruire ricordi e sensazioni, si può affermare che il soggetto narrante sia il medesimo nel romanzo e nel reportage fotografico. Due modi di narrare, due scritture che sono espressione di un medesimo desiderio. Affrontare la possibile riconciliazione prima ancora che l'opposizione di due sfere all'apparenza inconciliabili che hanno rappresentato per lei, nella vita e nella scrittura, nella professione di fotografa e nella partecipata adesione alla politica, i poli tra cui si è mossa la sua ricerca identitaria: l'amore o il lavoro. Per una giovane donna della sua generazione era quasi inevitabile optare, per il ruolo di moglie e madre[7].

L'esposizione milanese, intitolata *La donna,* è un'importante occasione di confronto. L'autoanalisi e lo studio dei meccanismi di rispecchiamento, affrontati con ampiezza di visioni, fondano

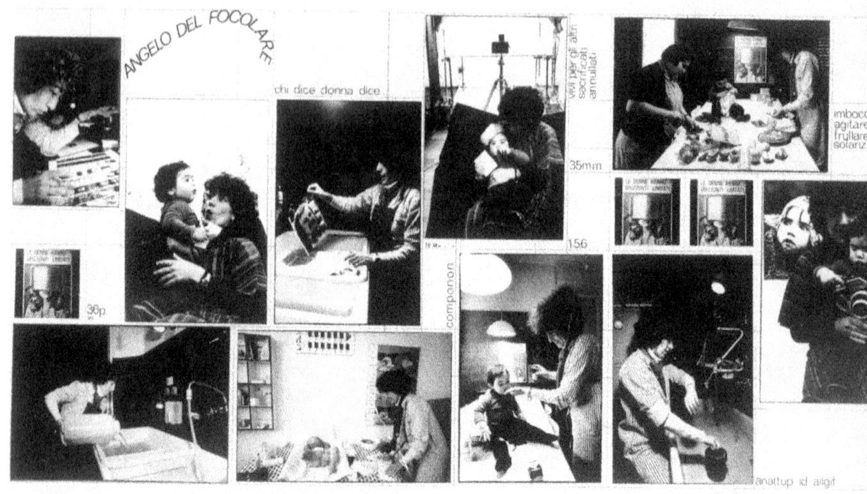

Carla Cerati, *Professione fotografa*, 1977
Pannello fotografico (Centro Studi e Archivio della Comunicazione, Università di Parma, Sezione Fotografia, Fondo Carla Cerati) - Courtesy Elena Ceratti

le operazioni seriali di Paola Mattioli e Marcella Campagnano, interessate a verificare con sguardo diverso la possibilità di una nuova rappresentazione della donna[8].

In continuità col percorso creativo avviato anni prima, che mette al centro la circolarità di uno sguardo relazionale, Cerati presenta il progetto *Professione fotografa*. È l'occasione per interrogarsi sulla specificità della fotografia femminile. Come responsabile per la Lombardia dell'AIRF, l'Associazione Italiana Reporter Fotografi, dal 1977 segretaria regionale, ha riflettuto sulla soggettività dell'atto fotografico, sostenendo la sua non neutralità[9]. Nel dibattito teorico sull'obiettività dell'informazione, avviato sulle colonne de "l'Espresso" da Umberto Eco nel 1969, e nella serrata critica ai limiti della cultura italiana nell'informazione condotta dall'AIRF, Cerati introduce il problema della disparità sociale nella professione e

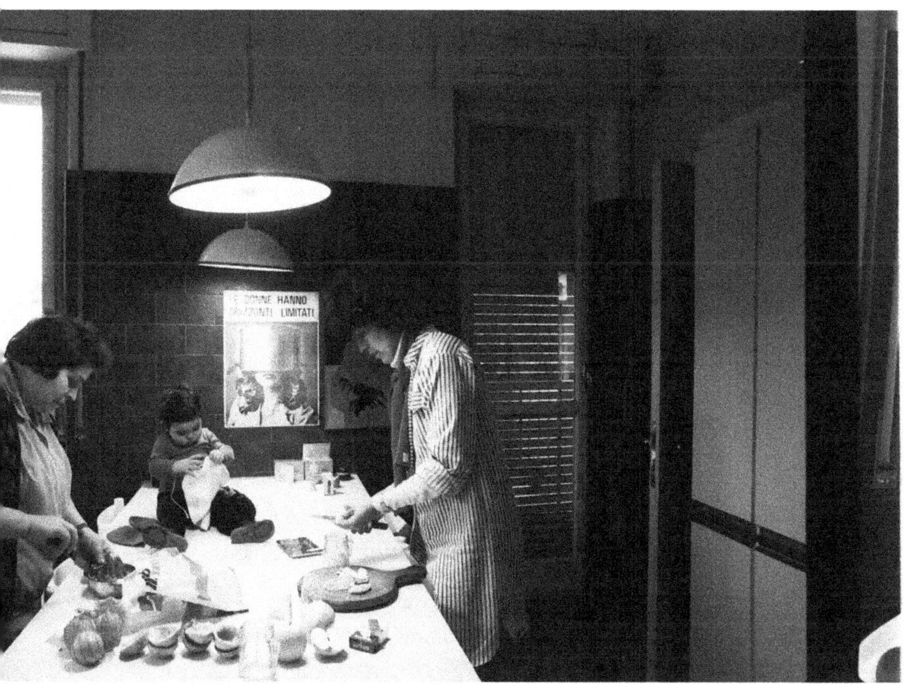

Carla Cerati, *Paola Mattioli fotografa con la figlia. Casa-studio a Milano*, febbraio 1977
Carla Cerati- Courtesy Elena Ceratti

rivendica la soggettività femminile nei meccanismi espressivi della fotografia. Per chiunque scrive, rifletteva Virginia Woolf, è fatale pensare al proprio sesso. E, aggiungerei, anche per chi scrive con la luce. "Il genere femminile, affermava Woolf nel 1928, sta finalmente acquisendo i mezzi per esprimere la propria voce: la vita di chi ascolta non sarà più la stessa"[10].

A chi obietta che il mestiere resta lo stesso indipendentemente dal sesso di chi lo svolge, Cerati risponde che questo è vero solo in parte. "Tanto è naturale per l'uomo vivere separatamente la vita privata e quella pubblica, tanto è difficile per la donna staccarsi da ciò che per secoli è stata definita la sua natura, il suo destino"[11]. È un carico che porta sempre con sé e che si riflette nei suoi gesti, nel suo ritmo di vita: è una creatura dimezzata e sdoppiata; e in questo suo dimezzarsi e sdoppiarsi si cela un'angoscia, una fatica. Quale scrittura, si chiede Cerati, potrò adottare per dare un'idea di questa doppia personalità, per raccontare questo dimidiamento, questa moltiplicazione che ci domina da sempre, anche quando non ce ne rendiamo conto?

Invece di seguire i propri movimenti, fotografandosi, preferisce raccontare la vita di un'altra fotografa: Paola Mattioli, "perché documentando le mie giornate", chiarisce Cerati, "avrei annullato quella che ritengo la mia prerogativa, e cioè i miei continui progressivi spostamenti rispetto al soggetto"[12]. Trascorre un'intera giornata con Paola, la fotografa in camera oscura, mentre si prende cura della figlia Toni[13]. Cerca nell'altra gli stessi gesti, l'espressione della fatica e della gioia, la soddisfazione negli sguardi concentrati e in quelli amorevoli. Raccontare se stesse mentre si racconta l'altra è un atto politico di costruzione di nuovi tessuti relazionali e dunque di una nuova società.

Realizza molti provini, seleziona alcune fotografie e le dispone in due pannelli. Un serrato montaggio che meglio visualizza le contraddizioni della vita e del lavoro. Anche se il soggetto principale è l'atto fotografico, la pratica mediale. È questo, dunque, lo schema compositivo che Cerati concepisce per evidenziare il dimezzamento della figura femminile.

Percorso in dieci stazioni della vita di una donna. 1977

Di questa scrittura fotografica capace di raccontare una donna dimezzata Cerati esplora le potenzialità creative e critiche in *Percorso. Racconto in dieci stazioni della vita di una donna* (1977), presentato alla mostra *Sulla casa di fronte* curata da Lea Vergine in occasione della rassegna *Ipotesi 80* alla Fiera del Levante di Bari. Il titolo "poetico e un po' sibillino", che per un lapsus tipografico fu sostituito con *La schizofrenia della donna nel quotidiano*, "esempio del tentativo di patologizzare la problematica attuale delle donne"[14], meglio fa comprendere l'intento curatoriale di Vergine, interessata a proporre tendenze contemporanee che, seppure sintomo esistenziale della condizione femminile, mostrino significanti scritture. Individua come comune denominatore, declinato nei diversi linguaggi artistici, un esercizio creativo della memoria. Le opere di Valentina Berardinone, Amalia Del Ponte, Carla Cerati, Diana Rabito e Sandra Sandri, selezionate da Vergine "hanno lo stile e il sapore del diario, e del diario hanno il potere di spalancare una dimensione di vuoto, del diario hanno la forza di attentare alla commedia dei rapporti tra le persone, la lucidità di rivelare l'impostura del quotidiano"[15]. D'altra parte "l'espressione 'arte del diario', evoca una particolare e tradizionale sfera di esperienze visive e manuali femminili (il diario e l'album) che da alcuni anni l'apparato percettivo e concettuale dell'arte, notevolmente rinnovato, è in grado di ospitare"[16].

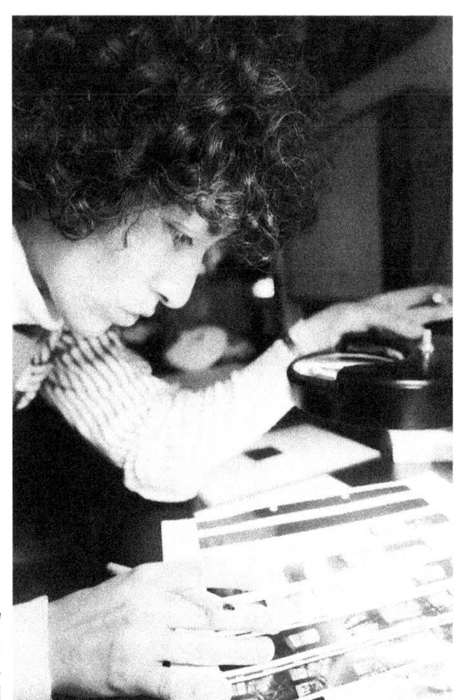

Carla Cerati, *Paola Mattioli fotografa intenta a selezionare alcuni provini. Casa-studio a Milano,* febbraio 1977.
Carla Cerati - Courtesy Elena Ceratti

"Quando gli organizzatori della rassegna – spiega Lea Vergine – mi hanno chiesto un'ipotesi sul futuro dell'arte ho pensato che oggi parlare di situazione nuova, 'alternativa', può avere un senso solo dando spazio alla problematica femminile. Ho deciso allora di chiamare cinque donne, ma non delle ultime leve, quelle cioè cresciute nell'ambito o a fianco del movimento femminista, ma professioniste, cioè delle donne che si sono affermate seguendo l'iter tradizionale, 'maschile' invitandole a lavorare sul tema della condizione 'femminile'"[17].

Cerati è una donna di cinquant'anni, condivide nel dopoguerra le istanze dell'emancipazionismo; ha vissuto con partecipata sensibilità le riflessioni scaturite dal movimento antiautoritario del Sessantotto, e la sua trasformazione personale; nel 1977 è ormai un'affermata fotografa e scrittrice che ha fronteggiato le sue contraddizioni personali, guardato nello specchio deformato di una femminilità mistificata e falsamente rassicurante. Frammento dopo frammento ha restituito nei romanzi la sua storia personale, trasformata in patrimonio comune di ricordi, ha realizzato reportage e racconti fotografici di grande intensità.

Cerati progetta i dieci pannelli scegliendo immagini eterogenee, ritratti, paesaggi, fotogrammi di documentari cinematografici. Rielabora il materiale per reinventare la storia di una donna, che non necessariamente coincide con una figura precisa, ma che ha un significato più generale, meno privato. Nell'assemblaggio dei motivi iconografici c'è la memoria delle mani che le donne hanno usato nel mantenimento della vita quotidiana. Il ricordo di abilità e pratiche, la scultura cui voleva dedicarsi alla fine della guerra, il lavoro di sarta negli anni Cinquanta. Le sue mani conservano un antico rizoma di funzioni e di affetti del corpo, tanto più vivo e creativo quanto più si esercita su processi non tradizionali. Conosce la storia del fotomontaggio, dagli album famigliari di fine Ottocento, ricordati da Souzeau Boetti, con fiori e foglie, ciocche di capelli, biglietti dell'opera, ai collage di Hannah Höch e Marianne Brandt, che con sguardo analitico smontano gli stereotipi di genere, alle sperimentazioni della poesia visiva. Da free-lance, attenta alla funzione dell'immagine, ha approfondito gli studi sui condizionamenti dei media, riconosce che la pubblicità commerciale ha saputo sfruttare le capacità sia creative, sia propagandistiche del collage d'autore.

Il suo racconto recupera la memoria viva e l'esperienza professionale, elementi via via accumulati e ripetuti. Si serve di un procedimento simile a quello che usa per la narrativa, utilizzando materiale esistente e rielaborandolo per trasmettere alcune idee; opera su due piani narrativi, quello iconico e quello verbale, influenzandoli vicendevolmente, intervenendo a volte per contrasto, altre per coerenza, per far scaturire l'ironia, la polemica, la violenza, l'idea dell'assurdo.

Il desiderio di raccontarsi e rievocare storie esprime la centralità che assume il partire da sé nella pratica politica del neo-femminismo italiano. Le donne, nell'arte della narrazione e dello scambio di storie, hanno manifestato grande sapere e una vasta esperienza. Se i generi letterari più praticati sono stati il diario e la lettera d'amore, l'attenzione agli aspetti della vita quotidiana e la rilettura del lavoro artigianale domestico emergono negli anni Settanta con un significato del tutto nuovo, coincidente, in parte, con la trascrizione estetica della "banalità" quotidiana. Storiche e filosofe, penso in particolare ai contributi di Agnes Heller[18], hanno dimostrato interesse per il carattere antropologico del sapere quotidiano e attenzione al contenuto sociologico dei fatti più ordinari della vita quotidiana; ma è con lo slogan "il personale è politico" che la quotidianità, incarnata, diventa materia della sperimentazione fotografica. La sua trascrizione estetica trova poi corrispondenza nella teoria femminista delle pratiche artigianali e delle tradizioni artistiche.

Mirella Bentivoglio, che nel 1978 curerà *Materializzazione del linguaggio*, dedicata al profondo rapporto tra la donna e il linguaggio, rispondendo a un collezionista che le aveva chiesto dieci nomi fondativi della nostra cultura si sofferma sulla figura archetipa della donna. Ponendo ad asciugare vasi sulla stuoia da lei tessuta, la donna vi scopre segni incisi e dà il via al concetto di decorazione; altra figura fondante è la donna che inizia a inventare favole e a raccontarle dando il via alla semiologia della favola che è domestica e femminile[19].

Nei dieci pannelli della serie *Percorso*, le fotografie sono organizzate in varie composizioni verbo-visive. Diversi sono i modelli narrativi, dall'album di famiglia, con le immagini impaginate in modo creativo e originale; all'album di matrimonio, in una versione fantasiosa, al fotoromanzo, una forma molto popolare di comunicazione ancora in uso degli anni Settanta, come ha evidenziato Roberta Valtorta[20].

D'altra parte la scelta di avvalersi del collage e la composizione frammentaria è in antitesi allo spazio della cornice e al sistema prospettico, regime scopico, fondante nella cultura occidentale, da cui discende peraltro, la macchina fotografica. Confutare il mito della cornice è il risultato di uno sforzo critico, per uscire dalle cornici di cui siamo parte, che sono anche parte di noi, del nostro modo di vedere e agire. Lo spazio bianco che ritma la disposizione delle fotografie e delle scritte in decalcomania è l'indizio di un percorso di decostruzione che procede parallelamente al tentativo di riportare la tecnica, che storicamente è un dato culturale maschile, all'occhio della donna.

Cerati fa un uso della fotografia non naturalistico ma neppure si serve di alterazioni operate in sede di stampa o di ripresa. Le immagini sono organizzate in sequenze, accostamenti di formato diverso, ripetizione dello stesso scatto. Alla rottura delle soluzioni di continuità fa da sfondo una raffinata teatralizzazione dei gesti e dei volti. Una gestualità accentuata, rileva ancora Valtorta[21], che si ricollega alla sua esperienza nel teatro, un'invariante fondamentale nel percorso artistico di Cerati.

L'apparato testuale è un vero e proprio campionario di luoghi comuni, entrato nella nostra memoria collettiva, espressione del sistema simbolico patriarcale e delle sue pratiche culturali discriminanti.

La figura della rosa è l'elemento che collega parole e immagini, simbolo dell'offerta amorosa, emblema del più antico mito che vincola la donna: la relazione amorosa.

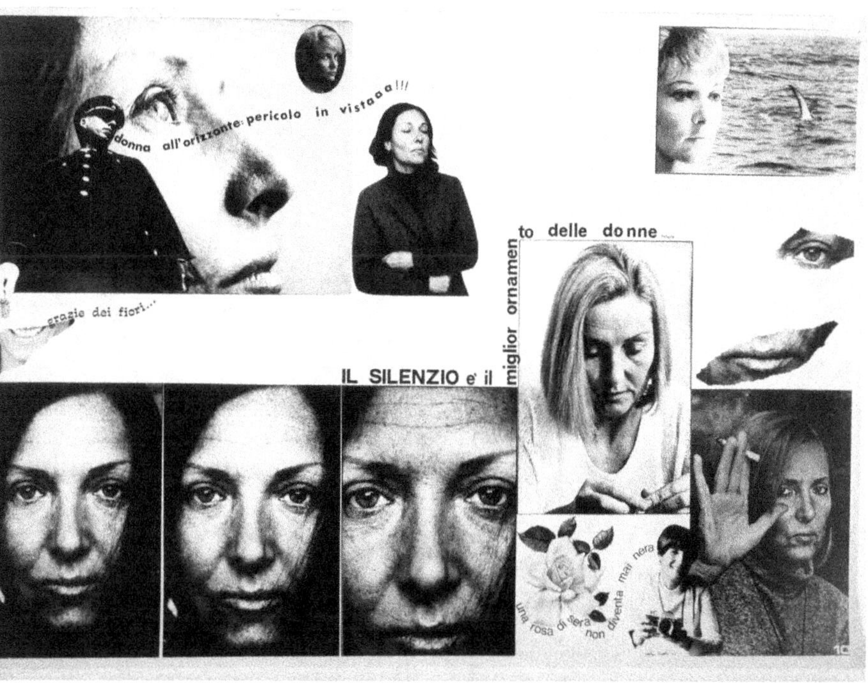

Carla Cerati, *Il silenzio è il migliore ornamento delle donne*, 1977
dalla serie "Percorso. Racconto in dieci stazioni della vita di una donna". Pannello n.10
(Centro Studi e Archivio della Comunicazione, Università di Parma, Sezione Fotografia,
Fondo Carla Cerati) Courtesy Elena Ceratti

Nel raccontare quindici anni della vita di una donna, storicamente considerata il soggetto privilegiato della dimensione privata dell'esistenza, una figura rappresentativa, come tutto ciò che le ruota attorno, volutamente senza nome né cognome, Cerati disvela la schizofrenia della quotidianità e la mistificazione della condizione femminile. Tenendo conto della nozione di smascheramento, fondamento del pensiero politico di Franco Basaglia, il primo attacco all'istituzione familiare è l'azione di smascheramento della rigida gerarchizzazione dei ruoli e del carattere oppressivo delle relazioni di coppia.

Il montaggio delle immagini è uno strumento per demistificare le ideologie trasmesse proprio con e nelle immagini del corpo femminile nei rotocalchi, nella pubblicità, nella televisione, Cerati agisce dunque su un terreno di riflessione ancora aperto, ripreso nell'ambito dei *gender* e *media studies*.

1. Su Carla Cerati segnalo, tra i recenti contributi critici, in particolare nell'ultimo decennio: *Carla Cerati. Scena e fuori scena*, a cura di Gallo Francesco, Electa, Milano 1991; *Carla Cerati. Punto di vista*, a cura di Lucas Uliano, Dentice Fabrizio, Electa, Milano 2007; Mussini Massimo, *Carla Cerati. La verità negata*, in Bianchino Gloria (a cura di), *Carla Cerati*, Skira, Milano 2007, pp.9-20; Paoli Silvia, Zanchetti Giorgio, "Oltre la soglia. Conversazione con Carla Cerati", in "L'uomo nero", n.9, dicembre 2012, pp.221-240; Mazzucchelli Silvia "Lo sguardo di Antigone: appunti sulle fotografie e i romanzi di Carla Cerati", in *Nuova Prosa* n.65, maggio 2015, pp.151-162; Miodini Lucia, *Professione fotografa. Percorsi di sguardi e trame narrative* in *Davanti a una fotografia. Immagini, metodi d'analisi, interpretazioni*, a cura di Fragapane Giacomo Daniele, Curtis Giovanni, Bonanno, Acireale, pp.131-156; Striof Claudia, "Le inchieste fotografiche di Carla Cerati", in "Figure", 4, 2019, pp.91-98; Sorrentino Cristiana, "Gli esordi di Carla Cerati fotografa, 1960-1964", in "rsf. Rivista di studi di fotografia, n.9, ottobre 2019, pp.120-133.

2. Mattioli Paola, *L'immagine fotografica* in *Lessico politico. Cinema, letteratura, arti visive*, Gulliver, Milano 1979, p.175.

3. Si veda "Autocoscienza per immagini," intervista a Paola Mattioli di Raffaella Perna in *Operaviva*, 18 luglio 2016

4. Candiani Anna, Cerati Carla, Mattioli Paola, Nuvoletti Giovanna, "La casa come ghetto", in "Città Classe", n.2, marzo-aprile 1975, p.5; nella rivista dove sono pubblicate le fotografie vedi anche Balbo Laura, *La condizione femminile in Italia. Per uno studio della condizione femminile*, pp.27-31.

5. Vedi Perna Raffaella, "Mostre al femminile: Romana Loda e l'arte delle donne nell'Italia degli anni Settanta, in "Ricerche di S/Confine", vol. VI, n.1, 2015, pp.143-154

6. Vedi Arendt Hannah, *The Human Condition*, University of Chicago Press 1958 [trad. it. *Vita atciva. La condizione umana*, Bompiani, Milano 1964]

7. Su Cerati scrittrice vedi Ragonesi Elisabetta, *Donne si diventa: il superamento della scissione corpo-mente nell'opera di Armanda Guiducci, Carla Cerati, Maria Marcone*, Zurich Open Repository anda Archive, University of Zurich 2018

8. Su Mattioli e in generale sulla pratica fotografica come "dispositivo di scoperta e di conoscenza, in grado di proporre nuove forme del vedere" si veda Casero Cristina, *Paola Mattioli. Sguardo critico di una fotografa*, Postmedia Books, Milano 2016

9. Ringrazio Uliano Lucas per le informazioni sull'attività di Cerati all'AIRF, intervista 14 luglio 2020.

10. Vedi Woolf Virginia, *A Room of One's Own*, Hogarth Pess, London 1929 [trad. it. *Una stanza tutta per sé*, Feltrinelli, Milano 2013] che riassume le conferenze *Donne e romanzo* tenute nel 1928 alle studentesse del Newham e del Girton College all'Università di Cambridge. Sulla centralità che Woolf assume nel neo-femminismo, vedi Rasy Elisabetta, *Romanzo-Romanzo d'amore*, in *Lessico politico delle donne. 6. Cinema, letteratura, arti visive*, Edizioni Gulliver, Milano 1979.

11. Cerati Carla, *Immagini di donne: professione Fotografa*, in *Sicof '77*, sezione culturale diretta da Lanfranco Colombo, Gexpo, Milano 1977, p.100

12. Ibidem

13. Ringrazio Paola Mattioli per le informazioni e i preziosi spunti, intervista 13 luglio 2020

14. Boetti Anne Marie, "Artiste donne. "Le finestre senza la casa"", in "Data", 27, luglio settembre 1977, pp.32-37

15. Vergine Lea, *Ipotesi 80. La schizofrenia della donna nel quotidiano*, catalogo della mostra, Fiera del Levante, Bari 1977

16. Souzeau Boetti Anne Marie, *Arti visive*, in *Lessico Politico delle donne, Cinema, letteratura, arti visive*, cit., p.169.

17. Rasy Elisabetta, "Quando l'arte è vissuta tutta al femminile", in "Paese sera ", 25 aprile 1977

18. Heller Agnes, *A mindennapi élet*, Akadémial Kiadó, Budapest 1970 [trad. it, *Sociologia della vita quotidiana*, Editori Riuniti, Roma 1975]

19. Bentivoglio Mirella, "Anonimi e nomi", in "Tracce. Cahiers d'Art", 8, 2007

20. Valtorta Roberta, *Carla Cerati. Percorso*, catalogo della mostra, Saronno, Sala Mostre, Cortile della Prefettura, 21 maggio-4 giugno 1977, Centro Futura IIFord 1977. Faccio anche riferimento alla relazione presentata da Valtorta al convegno *Cerati il 68 Morire di classe*, curato da Silvia Paoli, Milano, Castello Sforzesco, 22 novembre 2018.

21. Ibidem

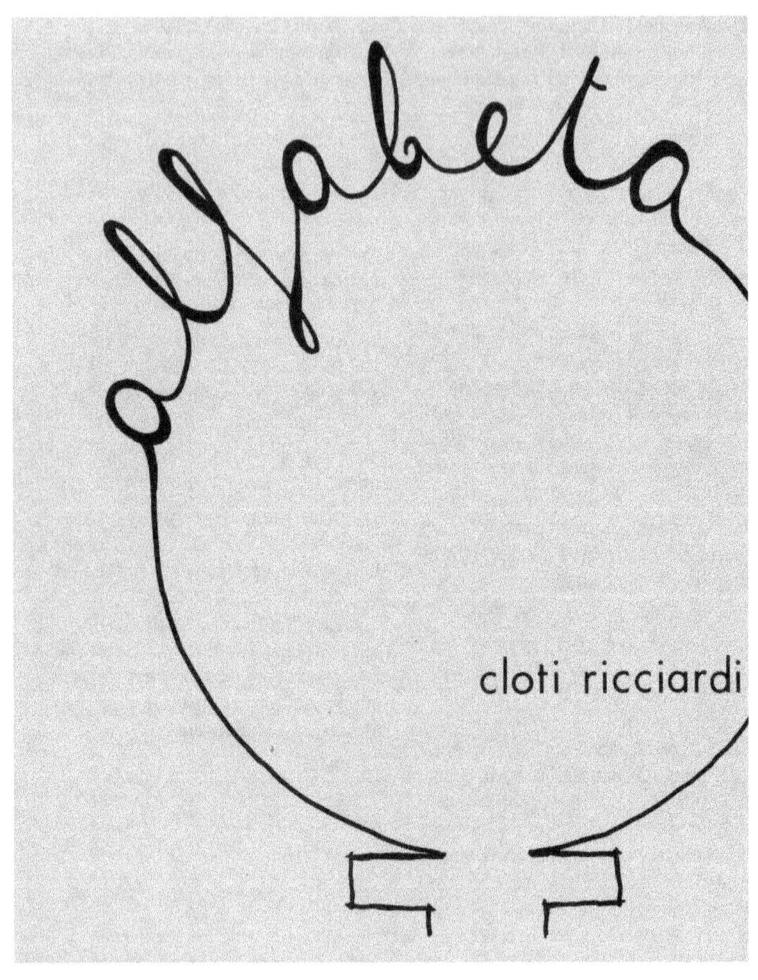

Cloti Ricciardi, *alfabeta*, cooperativa prove 10, Roma 1975, copertina

Cloti Ricciardi, alfabeta

Laura Iamurri

alfabeta è un piccolo libro pensato, scritto, illustrato da Cloti Ricciardi, e stampato presso la "cooperativa prove 10" nel giugno 1975. È un libro che nella sua originalità di opera rappresenta anche una testimonianza esistenziale e politica della stagione più intensa del neo-femminismo. Al momento della pubblicazione l'autrice era infatti da tempo una militante del Movimento Femminista Romano, al quale era approdata dopo una iniziale frequentazione del primo nucleo di Rivolta Femminile, fondato a Roma nel 1970 da Carla Accardi, Carla Lonzi e Elvira Banotti[1]. Le ragioni di quel distacco sono state raccontate più volte dall'artista, tanto rispettosa dell'intelligenza e delle qualità carismatiche di Lonzi (definita in più occasioni "una persona straordinaria") quanto insofferente nei confronti della dimensione chiusa del piccolo gruppo e della concentrazione sul lavoro di riflessione teorica:

> *Successivamente però ci dividemmo, perché lei voleva fare una riflessione interna, coscienziale. Io e alcune altre invece avevamo voglia di andare in piazza e comunicare alle altre donne questo desiderio di riprendersi il proprio corpo, il proprio potere, il diritto di parola, insomma... il diritto di esistere. Quindi all'inizio feci parte di questo primissimo gruppo, [...] e poi invece con altre facemmo il gruppo che si riuniva nella sede di Pompeo Magno. Facemmo tante manifestazioni, stavamo sempre per strada. I nostri luoghi preferiti erano i mercati perché lì entravamo molto in contatto con le donne. Questo gruppo poi diventò il Movimento femminista romano[2].*

Era il lavoro politico inteso come azione collettiva, diretta, volta a coinvolgere altre donne in una protesta crescente grazie anche alla capacità di organizzare a grande velocità manifestazioni con migliaia di partecipanti. Nei racconti di Ricciardi il tempo appare come compresso e accelerato, gli eventi sembrano spesso sovrapporsi in maniera quasi convulsa, ma l'aspetto che emerge con maggiore forza è la scoperta gioiosa, avvenuta nella pratica del femminismo, del trovarsi insieme in tante a fare cose che in quella situazione politica trovavano un senso immediato nella capacità di aggregazione e di pressione politica[3]. Pompeo Magno, dalla strada del quartiere Prati dove si trovava, al numero civico 94, la sede delle attività e degli incontri settimanali del gruppo, era ed è rimasto il nome comune e la cifra di appartenenza, se così posso dire, del Movimento Femminista Romano[4]. Sono le donne di questo gruppo che si ritrovano nelle pagine del libro, in quella che appare al tempo stesso come una celebrazione del movimento e come un tentativo di radicalizzare la riflessione sul linguaggio nella invenzione di un nuovo alfabeto al femminile, *alfabeta* per l'appunto. Come ha dichiarato l'artista:

> *Il libricino, alfabeta, fu per me un'esperienza molto interessante e anticipatoria sotto molti aspetti, c'erano fotografie, ritratti, parole, la modificazione del quotidiano. Per noi la riflessione su quello che vivevamo era costante, l'autocoscienza ci portava ad essere analitiche, il rapporto tra le parole e le immagini era fondamentale, una riflessione quotidiana. E per me, con il fatto che come artista lavoravo con le immagini, è venuto abbastanza automatico un lavoro di quel genere. A quel tempo lo presentai nei collettivi femministi senza imporlo nei campi dell'arte, pensando che ci sarebbe arrivato un po' per conto suo. Invece poi non fu così. È rimasto senza seguito[5].*

Il libro arrivava in un momento complesso dell'attività dell'artista: dopo l'abbandono della pittura e un nuovo esordio folgorante con la serie delle installazioni tra fine anni Sessanta e inizio Settanta, l'incontro con il femminismo aveva avuto come conseguenza anche un risoluto ripensamento del linguaggio artistico, e la messa a punto di nuove forme espressive sentite come consonanti all'impegno politico aveva richiesto qualche tempo[6]. Dopo le mostre del 1972 (*Io donna* alla Galleria Seconda Scala di Enzo Cannaviello e la dirompente azione *Vietato l'ingresso agli uomini* a Palazzo Taverna, sede degli Incontri Internazionali d'Arte), la presenza di Ricciardi sulla scena

e a tutte
le donne .

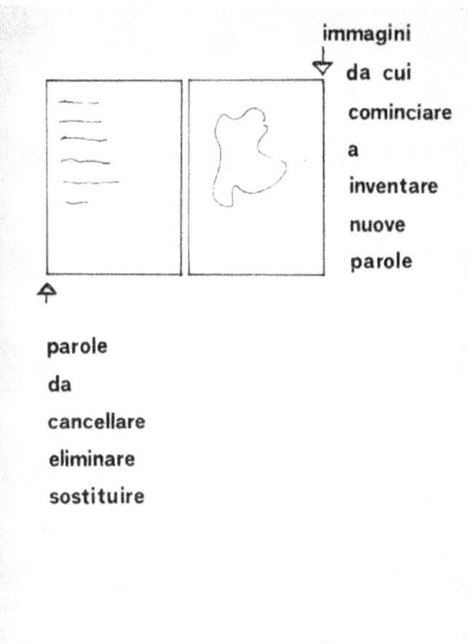

Cloti Ricciardi, *alfabeta*, pagine interne

artistica si era via via rarefatta, a favore di un impegno pressoché
totale nel movimento. Cloti Ricciardi è stata una delle maggiori
grafiche del femminismo romano, ha messo il suo talento e il suo
sapere di artista al servizio del movimento, delle sue attività e delle
sue pubblicazioni, volumi e riviste. Se queste ultime sono note, in
particolare le illustrazioni per il mensile "effe" e l'impaginazione del
libro *donnità*, più difficile è ricostruire gli apparati effimeri realizzati
per le manifestazioni. Va anche ricordato che la stessa Ricciardi
ha fornito, nel corso degli anni, interpretazioni diverse delle sue
attività più direttamente legate alla pratica femminista, oscillando
tra una interpretazione tutta politica, orientata a sottrarre queste
realizzazioni alla sfera artistica, e all'opposto una lettura tesa invece
a includere nel corpus dei suoi lavori anche i disegni, i progetti e le
realizzazioni pensate per il movimento[7].

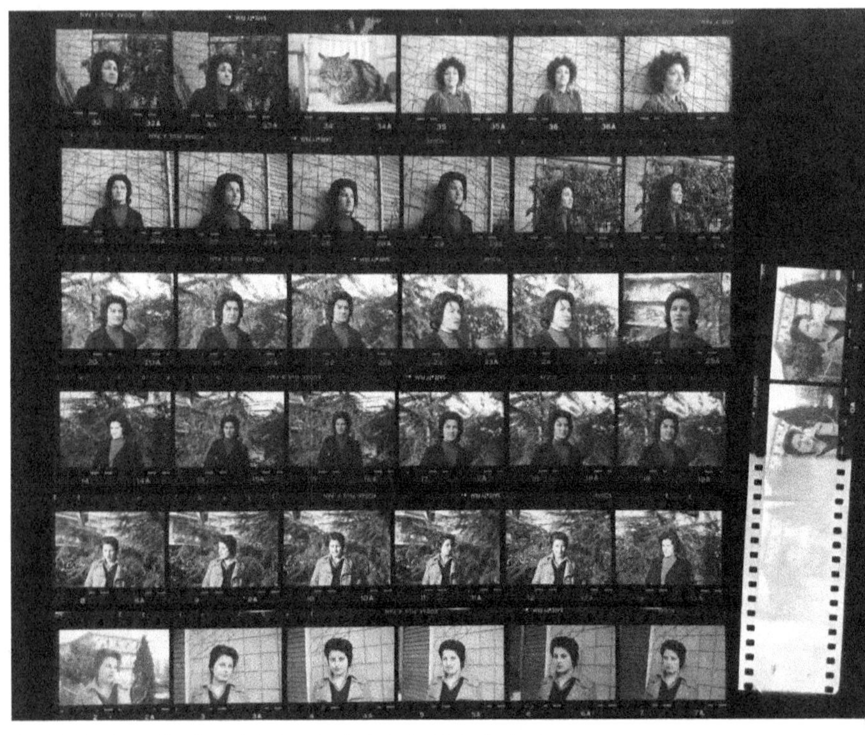

Cloti Ricciardi, foglio di provini, Fondo Cloti Ricciardi, Archivia, Roma

alfabeta arriva dunque dopo anni di militanza, e ne condensa molti aspetti, in primo luogo quello legato alle relazioni intessute nel contesto dell'attività politica, come mostra la dedica in prima battuta "alle compagne del movimento femminista romano", accompagnata alla pagina successiva da una seconda dedica, "a tutte le donne". Il volumetto, come annunciato dal titolo, ha una struttura alfabetica: a ogni lettera corrisponde sulla pagina di sinistra un numero variabile di parole associate alla cultura patriarcale, e sulla pagina di destra la fotografia con il nome di una compagna. In pratica, da una parte "le parole da cancellare eliminare sostituire", e dall'altra "immagini da cui cominciare a inventare nuove parole" (fig. 2). Le prime sono le parole della violenza, della discriminazione, della sopraffazione, della repressione, del potere, dell'ingiustizia, e costituiscono nel loro insieme una sorta di vocabolario minimo dell'aberrazione patriarcale; le seconde, pur posizionandosi per loro stessa natura in un codice semantico differente, agiscono qui come punti di partenza per l'invenzione di vocaboli nuovi, liberi finalmente dal peso della trasmissione della cultura del patriarcato.

È d'altra parte specialmente interessante che le immagini da cui partire per rifondare il linguaggio siano i volti delle compagne, ritratte dalla stessa Ricciardi in sedute fotografiche improvvisate nei luoghi più diversi, come mostrano i fogli di provini conservati nell'archivio dell'artista: dai pomeriggi al mare agli interni domestici, dalle strade ai giardini e ai terrazzi urbani che compaiono in altre sequenze di scatti (fig. 3). È una estetica del quotidiano[8], modellata sulla consuetudine delle relazioni e sulla risignificazione politica del vissuto messa in atto giorno dopo giorno, nella riflessione e nelle pratiche condivise. È anche un modo particolarmente originale e raffinato di dire che le donne sono i soli soggetti in grado di modificare radicalmente il linguaggio, dunque il fondamento stesso della civiltà occidentale; di più, è "a partire da sé", dai propri corpi, dalle proprie esperienze, e da forme espressive alternative al *logos*, che le donne possono minare le basi del patriarcato: nelle pagine che seguono le dediche e le spiegazioni iniziali sulla struttura nel libro, i volti sorridenti, fiduciosi, determinati delle donne fotografate confermano la tranquilla assertività dell'enunciato.

Alla metà degli anni Settanta la fotografia non rientrava tra gli strumenti abituali del lavoro di Cloti Ricciardi, più attenta da una parte all'uso dello spazio e al rapporto tra quest'ultimo e i corpi, e dall'altra a una espansione del corpus dei materiali utilizzabili all'interno delle pratiche artistiche[9]. Tuttavia, seppur in posizione laterale, l'immagine fotografica era già in certo modo parte del linguaggio dell'artista, soprattutto in combinazione con elementi verbali e grafici: lo mostrano chiaramente le illustrazioni pubblicate su "effe" (fig. 4), in cui è ampio il ricorso al montaggio di disegni, parole, fotografie provenienti da rotocalchi, elementi di riempimento realizzati con i trasferibili normalmente in uso nel disegno architettonico[10]. Il ricorso a questi ultimi, utilizzati anche nelle *Lezioni* esposte nella già ricordata personale *Io donna*, aveva probabilmente origine nella frequentazione, da parte dell'artista, di alcuni corsi alla facoltà di architettura negli stessi anni in cui studiava all'Accademia di Belle Arti di Roma; una prima applicazione pratica può essere individuata in *Anticamera*, progetto per un ambiente "sensibile" presentato su invito della commissaria per la sezione italiana Palma Bucarelli nella sezione dei *travaux d'équipe* alla Biennale di Parigi del 1969, insieme agli architetti Egidio de Grossi, Oscar Manetti e Cesare Righetti[11].

I materiali preparatori per *alfabeta*, oggi conservati a Archivia dopo un primo riordino delle carte dell'artista promosso da Maria Ricciardi[12], testimoniano del lungo e accurato lavoro, e della combinazione di tecniche sperimentate in altre occasioni e in altri contesti. Con due sole eccezioni, sulle quali tornerò più avanti, le fotografie di *alfabeta* sono state infatti tutte scattate dall'artista, che ha poi selezionato con cura gli scatti dai fogli di provini per procedere personalmente allo sviluppo dei negativi e alla stampa in bianco e nero, in genere nel formato 18 x 24. Una ulteriore fase del processo di messa a punto delle immagini per il libro riguarda la loro elaborazione grafica, una specie di postproduzione operata in genere direttamente

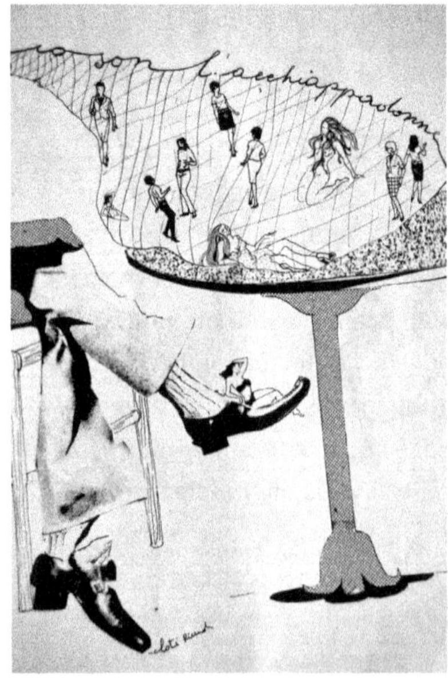

Cloti Ricciardi, *Una estate in provincia*, in "effe", a. II, n. 7-8, luglio-agosto 1974, p. 39

camerata

capintesta

capocarceriere

caratteriale

casalinga

castigo

celebritá

commendatore

corteggiamento

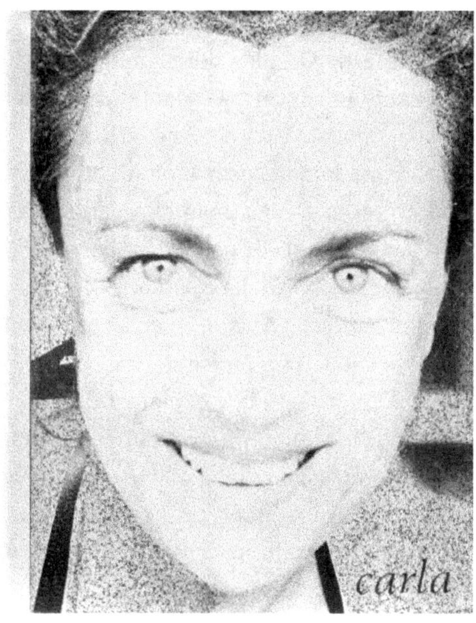

Cloti Ricciardi, *alfabeta*, pagine corrispondenti alla lettera C

sulle fotografie, ad eccezione di qualche raro intervento in fase di
stampa. Nel momento della elaborazione del materiale fotografico
collage e montaggio, ampiamente utilizzati nella attività di grafica a
servizio delle pubblicazioni di movimento, diventano la cifra stilistica
che attraversa il volume, introducendo nei singoli scatti elementi di
volta in volta diversi, capaci di rendere non solo i ritratti ma l'atmosfera
di ciascuno di essi singolare. *alfabeta* è infatti soprattutto la sequenza
dei ritratti delle donne del Movimento Femminista Romano, veri
dialoghi per immagini tra l'artista e le sue compagne. Come si è
detto, i fogli di provini mostrano le sequenze degli scatti realizzati
in momenti e luoghi diversi: talvolta la ripetizione di uno sfondo
identico in ritratti diversi testimonia di un tempo trascorso insieme,
in tre o in quattro amiche, divenuto occasione per cogliere i singoli
volti; in altre sequenze le fotografie raccontano di incontri laboriosi,

alla ricerca della luce o dell'inquadratura giusta, o risolti subito in pochi scatti. Nessuna delle fotografie delle compagne è stata però realizzata in occasione delle tante manifestazioni organizzate nelle strade e nelle piazze romane: i ritratti di Cloti Ricciardi per *alfabeta* sono tanto interconnessi con le attività del movimento femminista, quanto tuttavia appartenenti a una sfera di relazioni personali che non può limitarsi alla politica attiva e che trova invece spazio e tempo nella quotidianità delle esistenze.

In generale, come si è accennato, tutte le foto hanno subito qualche tipo di intervento grafico, talvolta minimale come alla lettera C ("camerata / capintesta / capocarceriere / caratteriale / casalinga / castigo / celebrità / commendatore / corteggiamento"), dove il primissimo piano del volto radioso di Carla Vasio è lasciato libero da ogni intervento, e anzi enfatizzato dagli elementi di riempimento trasferibili che animano la superficie circostante (fig. 5). Viceversa, alla lettera A ("abitudine / accentratore / addestramento / aggressività / alzabandiera / anormale / ardito / aulico / autorità"), l'artista interviene direttamente sull'immagine di Amelia, il cui viso appare interamente coperto, come i capelli, da un reticolo di linee orizzontali e verticali dal tracciato irregolare, in parte cancellato sul naso, sul mento e accanto allo zigomo quasi a simulare i rialzi di luce del disegno accademico.

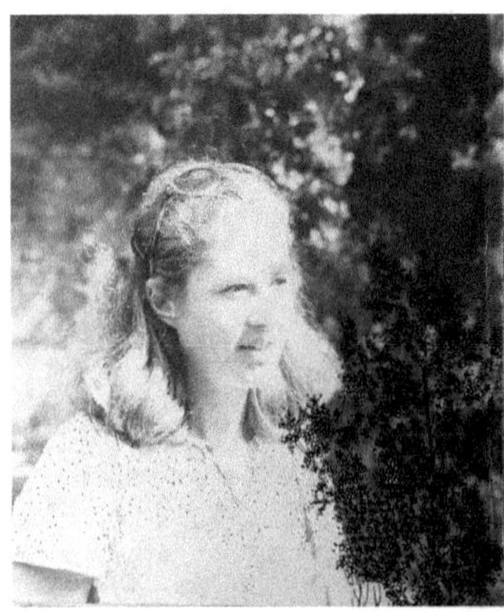

Cloti Ricciardi, fotografia di Giovanna ritoccata a mano, Fondo Cloti Ricciardi, Archivia, Roma

In altri ritratti, il ritocco enfatizza in qualche misura l'ambientazione dello scatto, oppure modifica lo sfondo originale: alla lettera G ("galantuomo / garrotta / gelosia / genio / genuflessione / gerarchia / ghigliottina / guerriero / guidasiluri") la vegetazione che circonda Giovanna è accompagnata da un disegno a mano, quasi un ricamo, che aggiunge insieme un tratto infantile e un risalto chiaroscurale alla figura chiara della giovane donna; l'intervento dell'artista, come si evince dall'immagine pubblicata e come è confermato dai materiali preparatori, è avvenuto direttamente sulla stampa fotografica, di cui esistono una copia per così dire 'pulita' e una seconda copia ritoccata ma in misura minore rispetto alla versione stampata in *alfabeta*.

Il disegno ai margini o sul ritratto non è del resto l'unica forma di intervento, anzi si direbbe che sia piuttosto il collage a prevalere, sia nella forma di una combinazione della figura con uno sfondo diverso da quello che appare negli scatti originali documentati dai provini, sia nei termini di un montaggio, all'interno della stessa immagine, di elementi provenienti da fotografie diverse. È il caso quest'ultimo, alla lettera F ("faida / faldistorio / fallocratico / famiglia / fascismo / fervorino / forzearmate / frustrazione / funzionario"), del doppio ritratto di Fufi, ottenuto letteralmente incollando due stampe

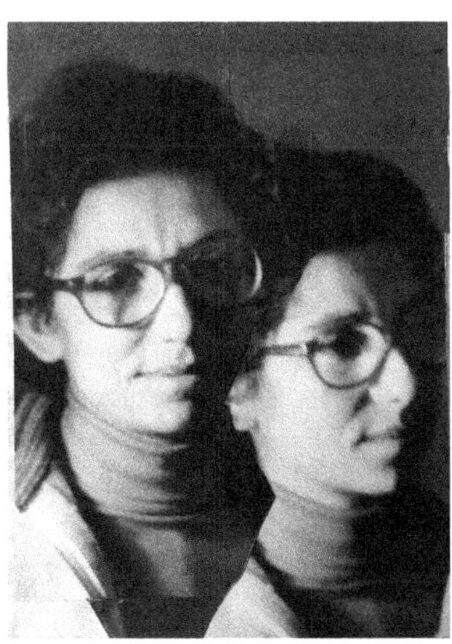

Cloti Ricciardi, *Fufi*, collage fotografico, Fondo Cloti Ricciardi, Archivia, Roma

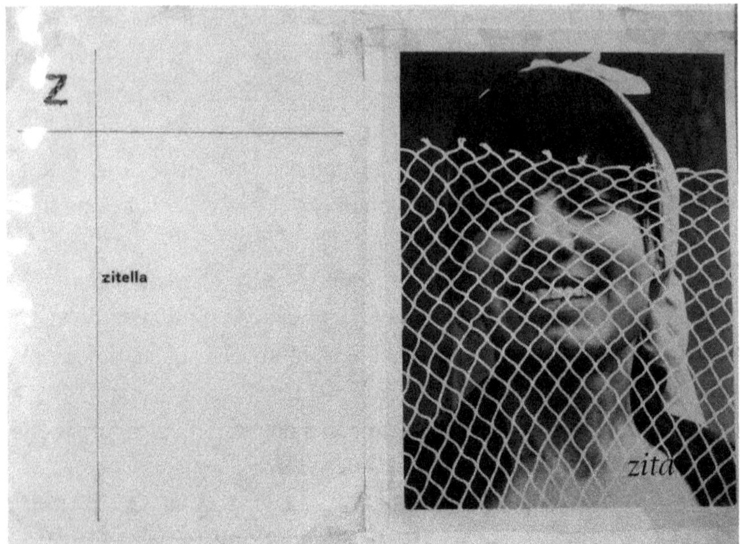

Cloti Ricciardi, pagine dal menabò di *alfabeta,* Fondo Cloti Ricciardi, Archivia, Roma

ottenute da due negativi scattati in sequenza ravvicinata, con un effetto di duplicazione dell'immagine che non ha altre occorrenze in *alfabeta.* Un diverso tipo di montaggio, sempre ottenuto dall'unione di due o più scatti separati e indipendenti si trova nel ritratto di Luciana, che deriva da una fotografia presa sullo sfondo di un graticcio sul quale cresce una giovane pianta rampicante; a questo scatto sono state sovrimposte, nella metà inferiore della stampa, le immagini di una pianta in un vaso e di un gatto, quest'ultimo in modo da coprire parzialmente il mento della donna, quasi come se lei lo tenesse in braccio. Dal foglio dei provini appare peraltro evidente che anche Daniela e Nina sono state fotografate nello stesso luogo, anche se poi in *alfabeta* della prima è stata scelta una fotografia di tre quarti che copre gran parte del graticcio e lascia vedere il dettaglio di una finestra con la tapparella abbassata, mentre la seconda è stata collocata su uno sfondo urbano con una fila di pullman parcheggiati.

I materiali conservati nell'archivio di Cloti Ricciardi permettono insomma di entrare nell'atelier dell'artista, e di seguire il processo di realizzazione di *alfabeta* passo dopo passo, dalle fotografie alla loro

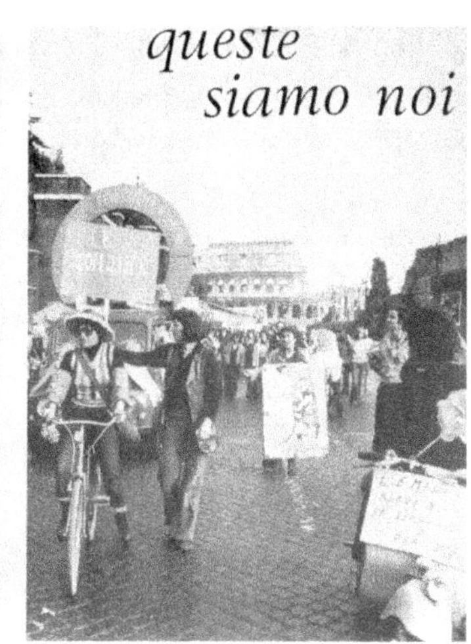

Cloti Ricciardi, *alfabeta*, pagine corrispondenti alla lettera Q

selezione, dalla stampa degli scatti scelti alla loro manipolazione fino alla sequenza alfabetica che rende ragione del titolo del libro e dell'ambizione di rifondare il linguaggio. Come si è accennato, sono rare le fotografie che non mostrano segni di intervento grafico, anzi con certezza direi soltanto una, che costituisce anche una delle tre eccezioni allo schema "nome-ritratto": alla lettera Q ("quadripartito / qualifica / qualunquista / quaresimale / querela / querulo / questore / quiz / quotazione"), l'immagine *queste siamo noi* è una fotografia scattata a via dei Fori Imperiali durante una manifestazione; l'autrice non è nota ma non può essere l'artista, che compare al centro della fotografia come donna-sandwich di manifesti politici illustrati, con tutta probabilità realizzati a mano da lei stessa.

In assenza delle stampe originali rimane invece incerta l'individuazione di possibili interventi sulle immagini riprodotte alla lettera H ("hitlerismo"), nella quale un bambino con un cappello di carta in testa è fotografato tra due donne adulte, probabilmente a margine di una manifestazione, e con l'indicazione giocosa "hop-là" al posto del nome; e alla lettera I ("illibatezza / illustre / imbattibile / immoralità / imperativo / imprimatur / inesorabile / intellettualismo

/ italianità"), dove l'immagine *io da piccola* mostra Cloti Ricciardi bambina, sulla spiaggia con la mamma. Su quest'ultima scelta l'artista sarebbe tornata molti anni dopo:

> *... nel libro di* alfabeta, *nel lontano 1975, feci tutti i ritratti fotografici delle mie compagne, ma il mio no, misi la foto di me con mamma da piccola che avevo un anno o due una cosa così; e adesso mi pare strano che in un librino di ritratti – che poi mi sono divertita tanto a farli a capire le compagne etc. – il mio non c'è[12].*

Al di là delle possibili manipolazioni, rimane l'assenza di un vero ritratto in primo piano dell'artista; tuttavia, le uniche due fotografie sicuramente non attribuibili a lei in realtà la ritraggono, e chiamano in causa due diversi e ugualmente fondanti momenti della sua esistenza, l'infanzia (e la sua memoria, viva attraverso l'immagine), e il presente vissuto nella esperienza del movimento femminista come un autoritratto collettivo: non "questa sono io", ma *queste siamo noi.* Forse non sarebbe stato difficile trovare una Ilaria, una Irma o una Ida per la lettera I, ma la necessità di uno spazio per l'io dell'artista non poteva evidentemente essere elusa: solo che questo "io" viene ricercato indietro nel tempo, e presentato nella relazione con la madre. In altre parole la singolarità dell'io è lasciata alla sfera privata dell'infanzia e del rapporto duale con la madre, mentre il presente è fatto di condivisione e di appropriazione degli spazi urbani, in una parola di politica.

Desidero ringraziare Maria Ricciardi per l'accesso ai documenti e la riproduzione delle immagini. Un ringraziamento speciale anche a Maria Grazia Messina, Martina Viviani, e a Giovanna Olivieri di Archivia.

1. Sugli inizi di Rivolta Femminile cfr. Boccia Maria Luisa, *L'io in rivolta. Vissuto e pensiero di Carla Lonzi*, La Tartaruga, Milano 1990; Ellena Liliana, *Carla Lonzi e il neo-femminismo radicale degli anni Settanta: disfare la cultura, disfare la politica*, in Conte L. – Fiorino V. – Martini V. (a cura di), *Carla Lonzi: la duplice radicalità*, ETS, Pisa 2011, pp. 113-139 (in particolare p. 124); Cambria Adele, *Nove dimissioni e mezzo*, Donzelli, Roma 2010, pp. 155-161.

2. Cloti Ricciardi, intervista rilasciata a Marta Seravalli il 15 febbraio 2011 in Seravalli Marta, *Arte e femminismo a Roma negli anni Settanta*, Biblink edizioni, Roma 2013, p. 234.

3. Sugli inizi del neo-femminismo in Italia si vedano almeno: Spagnoletti Rosalba, *I movimenti femministi in Italia*, Savelli, Roma 1971; Piccone Stella Simonetta, *La prima generazione. Ragazzi e ragazze nel miracolo economico*, Franco Angeli, Milano 1993; Lussana Fiamma, *Le donne e la modernizzazione: il neofemminismo degli anni Settanta*, in *Storia dell'Italia repubblicana*, vol. III, *L'Italia nella crisi mondiale. L'ultimo ventennio*, tomo 2, *Istituzioni, politiche, culture*, Torino, Einaudi, 1998, pp. 471-565. Restano inoltre imprescindibili i saggi raccolti in Bertilotti T. – Scattigno A. (a cura di), *Il femminismo degli anni Settanta*, Viella, Roma 2005; cfr. Lussana Fiamma, *Il movimento femminista in Italia. Esperienze, storie, memorie*, Carocci, Roma 2012.

4. Un documento fondamentale resta il volume collettivo *donnità. cronache del movimento femminista romano*, Centro di Documentazione del Movimento Femminista Romano, Roma 1976.

5. Cloti Ricciardi, intervista rilasciata a Marta Seravalli il 15 febbraio 2011, cit., p. 238.

6. Le opere di Cloti Ricciardi sono illustrate nel volume pubblicato in occasione della mostra all'Istituto Italiano di Cultura a Londra da Lux S. (a cura di), *Cloti Ricciardi*, Gangemi, Roma 2004. Una prima ricostruzione della messa a fuoco di un linguaggio artistico autonomo, tuttavia consonante con l'impegno politico, è in Iamurri Laura, *Corps, espace, écriture et féminisme dans l'œuvre de Cloti Ricciardi, 1968-1975*, in Chiodi S. – Da Costa V. (a cura di), *L'espace des images. Art et culture visuelle en Italie, 1960-1975*, Éditions Manuella, Paris (in corso di stampa).

7. Cloti Ricciardi, conversazione inedita con l'autrice, 31 ottobre 2005; Ead., intervista rilasciata a Marta Seravalli, cit.; Ead., conversazione con Stella Santacatterina, in Lux S., *Cloti Ricciardi*, cit., pp. 7-8.

8. Si veda in questo stesso volume il saggio di Linda Bertelli.

9. Iamurri Laura, *Corps, espace, écriture et féminisme*, cit.

10. Illustrazioni di Cloti Ricciardi compaiono in quasi tutti i numeri di "effe" fino al settembre 1975.

11. *Anticamera* è un progetto per un ambiente all'interno del quale realizzare un "percorso sensibile", vale a dire una superficie sonorizzata in grado di amplificare il battito del cuore di chi la percorre: si veda Iamurri Laura, *Corps, espace, écriture et féminisme*, cit.; per la presenza di Cloti Ricciardi tra gli artisti invitati a Parigi si veda Cappelletti Giulia, *La partecipazione italiana alla VII Biennale di Parigi. L'esordio all'estero dell'associazione Incontri Internazionali d'Arte*, tesi di laurea in Storia dell'arte contemporanea, relatrice prof. Laura Iamurri, Università Roma Tre, A.A. 2017-2018.

12. Il primo riordino dell'archivio è stato affidato a Martina Viviani, con il coordinamento scientifico di Maria Grazia Messina e di chi scrive. I documenti sono stati successivamente donati a Archivia, Roma.

13. Cloti Ricciardi in Catania Lucilla, Iamurri Laura, Montessori Elisa, Ricciardi Cloti, *L'impronta e il corpo / l'ombra e lo specchio: una conversazione*, in Iamurri L. (a cura di), *Autobiografia/autoritratto*, catalogo della mostra (Roma, Museo Andersen, 26 ottobre 2007- 20 gennaio 2008, Palombi Editore, Roma 2007, p. 39.

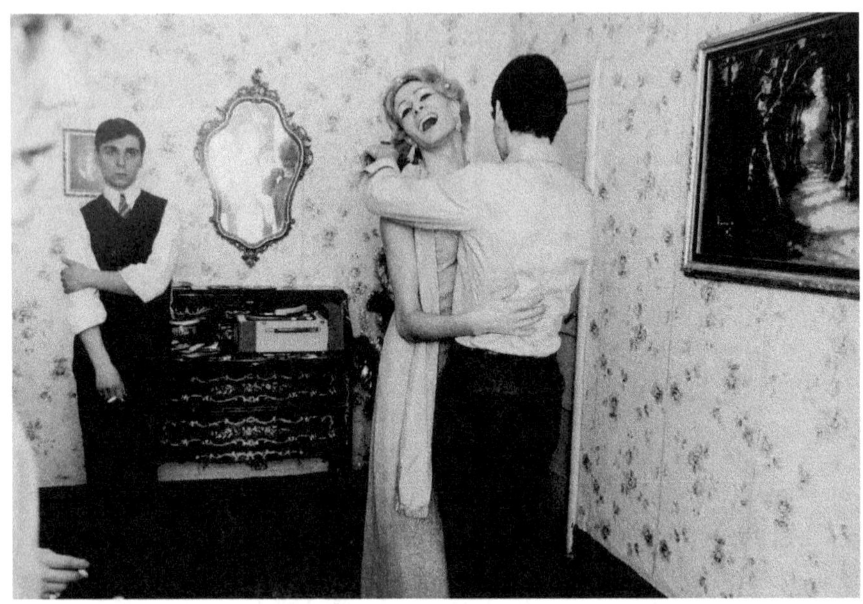

Lisetta Carmi, *I travestiti*, 1965. Tutte le foto sono riprodotte per gentile concessione di Lisetta Carmi e Martini & Ronchetti

Lisetta Carmi e la riflessione sul genere

Lara Conte

Dal dialogo tra Lisetta Carmi e Giovanna Calvenzi è nato il libro *Le cinque vite di Lisetta Carmi* che restituisce la complessità di una vicenda biografica intessuta di cambi di rotta, di cesure, di continui attraversamenti[1]. Una traiettoria che si può analizzare sostando su quella che Lisetta stessa ha definito la "sua seconda vita", ovvero quella legata alla fotografia.

Genovese, di origine ebrea e di famiglia benestante, nel 1960 Carmi abbandona la musica e l'attività concertistica per accompagnare l'etnomusicologo Leo Levi a San Nicandro Garganico, in Puglia, a registrare i canti ebraici di un gruppo legato a Donato Manduzio. È in questo contesto operativo, senza una specifica competenza tecnica, che Lisetta inizia a fotografare, riportando a Genova nove rullini che restituiscono la narrazione e le impressioni di quel viaggio. Seguirà subito dopo un perfezionamento in Svizzera, presso il fotografo Kurt Blum, con il quale era entrata in contatto tramite il fratello Eugenio Carmi. Da Kurt Blum, Lisetta impara una cosa che ripeterà spesso. È un insegnamento dal punto di vista della tecnica fotografica ma che si fa anche tecnica di vita: "prima di concentrarti su quello che vuoi fare, guarda sempre cosa c'è dietro"[2].

Durante gli anni Sessanta e Settanta si susseguono collaborazioni, incarichi, reportage legati a Genova, al fermento socio-culturale e alle contraddizioni che animano la città, ma anche i viaggi in tutto il mondo[3]. Sino a quando nel 1979, nella sua "terza vita", Carmi abbandonerà la fotografia, dopo l'incontro in India con il maestro spirituale Babaji Herakhan Baba.

Questo testo vuol portare l'attenzione su alcuni progetti fotografici legati a Genova e alle questioni del genere, tracciando una possibile genealogia nelle vicende non lineari del rapporto tra arte, fotografia e femminismo in Italia negli Settanta, in cui militanza e politicità definiscono sovente una dimensione che parte dal sé, nella profonda relazione tra privato e pubblico, al di là di una effettiva adesione da parte delle artiste a gruppi e movimenti femministi. Il termine "femminista" applicato al lavoro di Lisetta Carmi assume pertanto quella dimensione di sguardo altro da cui guardare il mondo e si utilizza nella specifica "valenza politica delle opere"[4].

Si prenderanno in considerazione i *reportage* sul parto (1968) e sul cimitero di Staglieno (1966), per arrivare ad analizzare il lavoro sui *Travestiti* (1965-1971), che trasformato in libro[5], diventa uno dei progetti editoriali più dirompenti e spiazzanti dell'epoca, racchiudendo nella sua lunga e complessa vicenda editoriale le contraddizioni e le utopie del contesto socio-culturale italiano tra anni Sessanta e Settanta.

Più volte Lisetta Carmi ha ribadito che la fotografia "è un modo diverso per capire il mondo ed entrare nel mistero dell'umano"[6]. La fotografia è per lei la definizione di una nuova prospettiva che fa emergere il marginale, il minoritario, il rimosso. Grazie ai suoi reportage Lisetta Carmi dà voce a quello che Rosi Braidotti ha definito "soggetto nomade"[7]. Un soggetto che mette in crisi i rapporti di forza e di oppressione del sistema capitalistico e della cultura patriarcale, deegemonizzando le narrazioni, alla conquista di una libertà e di un'individualità non sottomessa alle rigide codificazioni dei generi.

Nel 1965 Carmi riceve dal Comune di Genova l'incarico per un servizio sugli ospedali della città e, al Galliera, realizzerà, nel 1968, il lavoro sul parto, identificando un punto di vista libero per avviare una riflessione sulla nascita come processo biologico legato al corpo femminile. In una serrata ripresa dei vari momenti del parto, il corpo

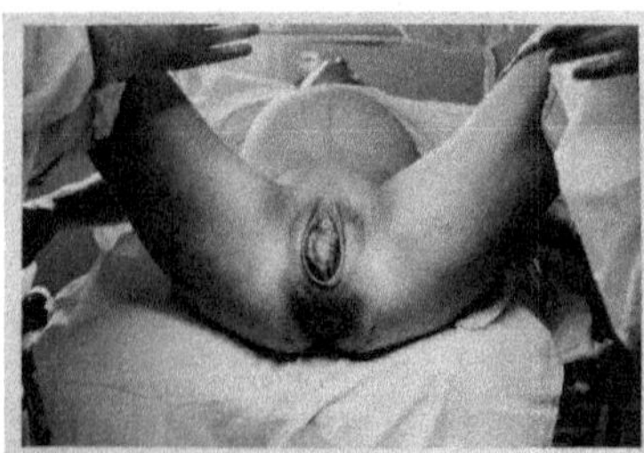
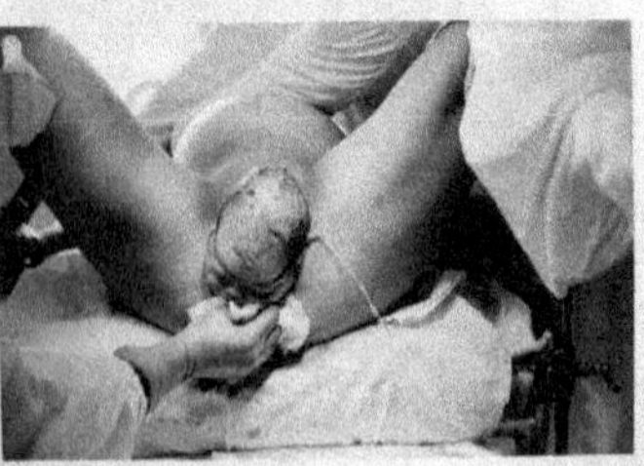

Lisetta Carmi, *Il parto*, 1968

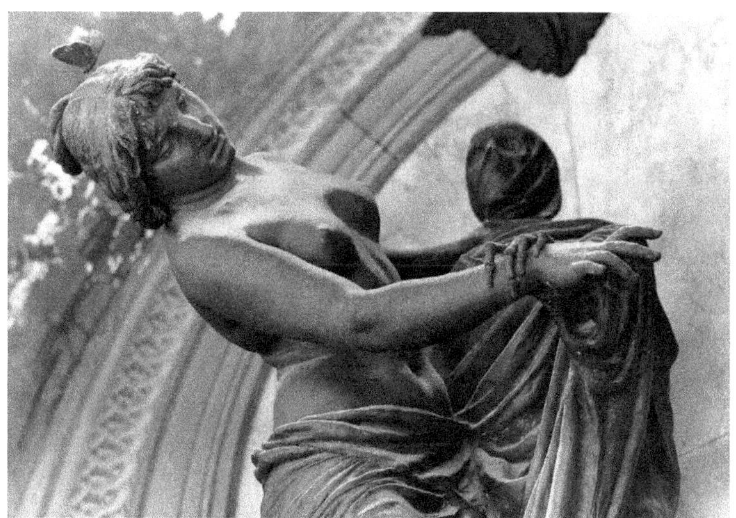

Lisetta Carmi, *Cimitero di Staglieno, Genova*, 1966

femminile appare svincolato dagli stereotipi della comunicazione di massa e il momento della nascita è colto con naturalezza, senza mediazioni narrative e visive. A tal proposito Uliano Lucas ha evidenziato la forza di questi scatti che per l'appunto "sovvertono la retorica sulla nascita allora imperante su tanta stampa italiana, per raccontare con lucidità, anche con brutalità, ma con un'efficacia mai più raggiunta il momento del manifestarsi di una vita"[8].

Nella geografia e nella stratificazione dei luoghi della città di Genova si identificano le contraddizioni che, su diversi piani di immagine, raccontano o sovvertono gli stereotipi e le convenzioni di una società patriarcale, come avviene nel ciclo dedicato alle tombe del Cimitero di Staglieno, *Erotismo e autoritarismo a Staglieno*, che nasce senza una specifica committenza nel 1966, quando Lisetta si reca a documentare le sculture che adornano le tombe ottocentesche del cimitero monumentale. Negli scatti che immortalano le pose e gli atteggiamenti delle statue femminili si può individuare una denuncia agli stereotipi moralistici e della condizione della donna nella società borghese ottocentesca genovese, relegata a una posizione subalterna di musa, madre e amante, in opposizione a una grande narrazione maschile, da omaggiare nel passaggio dalla morte alla vita eterna. A tal proposito Carmi ha rivelato: "Mi colpiva la 'verità' della società genovese, bigotta e intelligente che ha voluto rendere eterna – nella morte – la sua vita[9] [...] Detestavo ciò che molte sculture rappresentavano, per esempio lo stereotipo della donna timorosa e dipendente dagli uomini, ma ero anche colpita dalla capacità di chi, ancora in vita, aveva progettato la propria tomba"[10]. Considerate anticonvenzionali, le fotografie del ciclo *Erotismo e autoritarismo a Staglieno* saranno rifiutate dalla "Domenica del Corriere" e verranno pubblicate in Italia a distanza di quasi un decennio, nel 1975, su *BolaffiArte*, nell'ambito di un articolo di Mario de Micheli sul cimitero monumentale genovese[11].

Questi e altri servizi fotografici, come ad esempio il celebre progetto sul porto di Genova, costituiscono un'incursione verso una fotografia di denuncia sociale che raggiungerà un'ulteriore radicalità con il lavoro sui *Travestiti*, la cui attenzione e ricezione nel contesto artistico internazionale si sta di fatto consolidando soltanto negli ultimi anni.

Con il progetto sui *Travestiti* Lisetta Carmi ha anticipato temi legati all'identità sessuale e al corpo che saranno al centro delle teorie e delle pratiche femministe e *queer*, nell'ottica di un sovvertimento

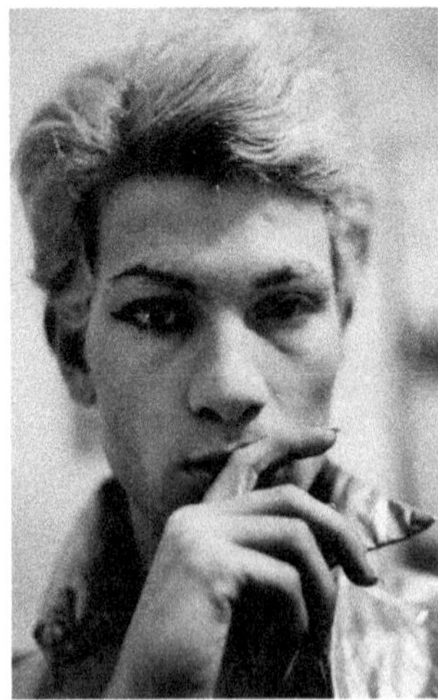

Lisetta Carmi, *I travestiti, La Novia*, 1965-1967

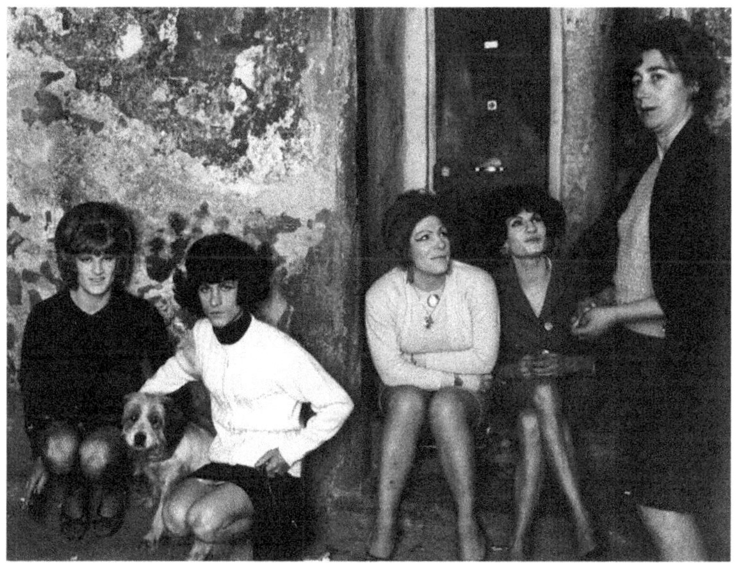

Lisetta Carmi, *I travestiti*, 1965-1967

della cultura e dell'ideologia dominante e oppressiva[12]. Nell'ambito del fotogiornalismo dell'epoca questi materiali fotografici generano scandalo e costituiscono una delle prime indagini sociali sul travestitismo nel nostro paese, portando l'attenzione su una minoranza al margine.

Il lavoro prende avvio la sera dell'ultimo dell'anno del 1965 quando Lisetta partecipa con l'amico Mauro Gasperini a una festa di "travestiti" nel ghetto degli ebrei a Genova, tra Via del Campo e Piazza Fossatella, e li fotografa nei loro diversi momenti di vita, catturando atteggiamenti, modi di essere, relazioni. Torna poi a trovarli per far vedere loro le prime stampe che ha realizzato e inizia a frequentarli, instaurando un rapporto di amicizia che la porta a conoscerli ma anche a conoscersi nel profondo. La macchina fotografica diventa il mezzo per mettere in evidenza il rimosso e il marginale, mediante una necessaria intromissione che costituisce la base di un'autenticità di racconto e di relazione.

Come accennato, le vicende editoriali del libro sono lunghe e complesse. Rilette oggi, attestano una serie di rapporti e di pratiche che non confinano il lavoro al semplice ambito della fotografia di *reportage*.

Negli archivi dell'artista è stata recentemente rinvenuta una maquette della prima versione del libro fotografico[13], realizzata nel 1967, contenente trentaquattro fotografie scattate dal dicembre 1965 al novembre 1967. Già dunque a quell'altezza cronologica Lisetta stava pensando a un progetto editoriale sui *Travestiti*. In un primo momento Gabriele Mazzotta si ritiene interessato alla pubblicazione, proponendo il coinvolgimento dello psichiatra e pedagogista Elvio Facchinelli per la realizzazione delle interviste ai personaggi ritratti. Malgrado il clima di apertura e denuncia del momento, Mazzotta declina tuttavia la propria adesione al progetto, e sarà Sergio Donnabella, su sollecitazione di Luciano D'Alessandro, che si impegnerà a pubblicare il libro a proprie spese. Per quanto non fosse editore ma dirigente di una società di pubblicità, Donnabella fonda infatti per l'occasione la Essedi Editrice. L'impaginazione grafica del libro viene affidata a Giancarlo Iliprandi e la consulenza editoriale a D'Alessandro, il quale nel 1969 aveva pubblicato per la casa editrice Il Diaframma gli *Esclusi*, uno dei libri fotografici-inchiesta più controversi degli anni Sessanta, di denuncia delle condizioni della vita manicomiale in Italia[14].

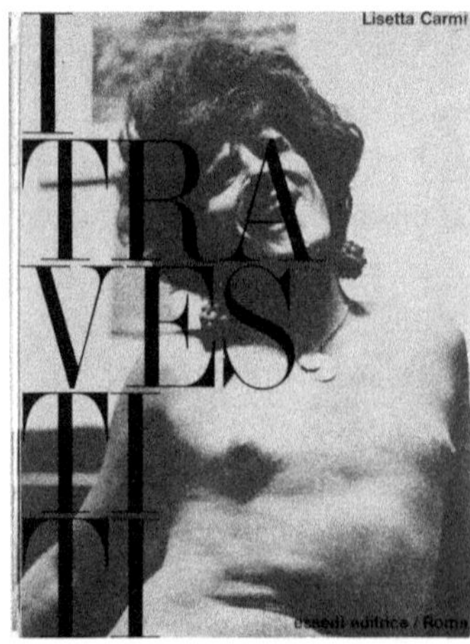

Copertina del libro *I travestiti*,
Edizioni Essedi, Roma 1972

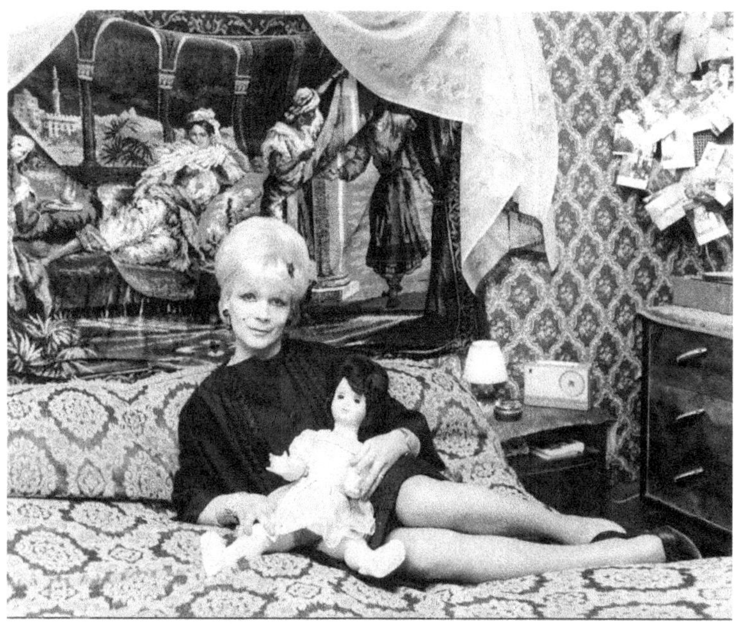

Lisetta Carmi, *I travestiti*, 1965

I *Travestiti* vedrà la luce soltanto nel 1972 ed è anch'esso destinato a diventare uno scandalo editoriale nonché a circolare in modo clandestino. Le librerie si rifiutano infatti di esporlo; pochissime saranno le presentazioni organizzate: a Roma alla Libreria di Remo Croce, con la presenza di Dacia Maraini, dell'antropologo Luigi Lombardi Satriani e Dario Bellezza; a Milano con Mario Mieli. Alcuni anni dopo la pubblicazione qualche migliaia di copie del libro sarà salvata dal macero grazie a Barbara Alberti che le stipa a mo' di arredo nel proprio appartamento milanese e le regalerà in occasione di feste private agli amici[15].

Nel marzo 1968, durante la fase di realizzazione dei *Travestiti*, Carmi ha modo di presentare il lavoro fotografico e la ricerca condotta nell'ambito del *XIV Colloquio Internazionale sul film di documentazione sociale dedicato ai problemi della psicologia e dell'assistenza psichiatrica* al Festival dei Popoli di Firenze, invitata dall'antropologo Tullio Seppilli[16]. La presentazione fa emergere la porosità di un'indagine in cui alla testimonianza visiva si unisce la ricerca condotta a livello socio-antropologico sotto forma di inchiesta. Il programma dell'intervento, infatti, intervalla la proiezione delle fotografie con letture e ascolti di testimonianze raccolte in principal modo attraverso lo strumento dell'intervista. Tra i punti enucleati nel programma, si individua "la ricerca della femminilità" in relazione a un'analisi dell'arredamento degli appartamenti dei personaggi ritratti e intervistati, con un affondo teso a mettere in evidenza le differenze tra la vecchia e la nuova generazione dei trans. Gli arredi e gli oggetti che decorano gli interni di vita dei personaggi ritratti da Lisetta rendono infatti evidente le profonde contraddizioni tra l'apparente normalità di uno scenario piccolo borghese e il dramma vissuto da un'umanità al margine. Inoltre, come ha messo recentemente in luce Max Houghton[17], Carmi ha capito che l'estetica femminile dei travestiti è legata a quella che Judith Butler definirà qualche decennio dopo "performatività del genere"[18]. L'abbigliamento, l'arredo, i gesti catturano e mettono in evidenza questa "performance of beeing a woman".

Proposta dapprima nel convegno fiorentino, la commistione tra immagine, oralità e scrittura converge altresì nel libro. Oltre alle fotografie, *I Travestiti* contiene infatti i testi di Lisetta e di Elvio Facchinelli, e le interviste ai protagonisti delle fotografie che sono pubblicate dattilografate su carta rosa leggera. Per la realizzazione delle interviste Lisetta aveva affittato un fondo dove Facchinelli incontrava e ascoltava le storie dei "travestiti", sovente con la partecipazione della fotografa stessa.

Per quanto attiene questa modalità narrativa articolata, per l'appunto, in immagini e in una discorsività restituita attraverso la registrazione e la trascrizione scritta delle interviste, è utile sottolineare il coinvolgimento di Carmi, sin dai suoi primi passi nella fotografia, nelle pratiche dell'etnomusicologia in cui il magnetofono, e di conseguenza la voce registrata su nastro, diventa lo strumento metodologico e tecnico per la ricerca. Si è menzionato il suo primo servizio con Leo Levi a San Nicandro Garganico a cui si aggiunge la sua partecipazione nel 1965 al Convegno di Piadena dal titolo *Comunicazioni di massa e comunicazioni di classe*. Si ricordi inoltre tutto quel fermento culturale di rinnovamento di pratiche e di parola critica, tra immagine, oralità e scrittura, che prende vita sulle pagine della rivista *Marcatrè*[19], e che costituisce l'entourage culturale genovese frequentato da Carmi. Peraltro, grazie all'amicizia con Magdalo Mussio, nel 1967 pubblicherà sul *Marcatrè* il suo servizio su Ezra Pound[20].

Nella centralità della relazione che si istituisce tra oralità e scrittura, attraverso la pratica dell'intervista, con i *Travestiti* si attiva di fatto una specifica dimensione orizzontale di autenticità che possiamo analizzare convocando alla mente una serie pratiche al passaggio tra anni Sessanta e Settanta, tra cui centrale è quella di Carla Lonzi, la quale nel 1969 approda alla pubblicazione di *Auritratto*[21]. La complicità che Lonzi ricerca con gli artisti tramite l'intervista, e che le farà assumere una posizione di non estraneità rispetto alla loro vicenda biografica sino al punto di dichiarare il suo "bisogno di intromissione nella situazione di altri"[22], è paragonabile al punto di vista assunto da Lisetta Carmi la quale, pur non essendo un *insider* del mondo che narra, lo esplora non da *voyeuse* ma attraverso una partecipazione e un coinvolgimento sempre più profondo nelle singole storie e biografie di ciascuna individualità ritratta.

Facchinelli evidenzia per l'appunto la dimensione di autenticità e coinvolgimento affettivo che sta alla base del libro: "Nel gruppo umano che porta l'etichetta di 'travestiti' – scrive – le foto di Lisetta nascono all'interno di un rapporto con le persone fotografate che potrà colpire per la profondità della confidenza e, si direbbe, della complicità che in essa si rivelano. Ma proprio per questo le foto di Lisetta stracciano l'etichetta e fanno apparire le diversità"[23].

Facchinelli compie inoltre un'analisi molto approfondita sui diversi modi di vivere l'omossessualità e la prostituzione che questo progetto racconta, attraverso storie di vita concrete. Tutto il libro intreccia pertanto diversi piani di analisi che spaziano dalla psicoanalisi, all'indagine storico-sociale all'approccio antropologico.

Il titolo del libro *I Travestiti* esprime la prospettiva patriarcale eteronormata dominante che vede nel travestitismo una copertura e una minaccia. "Travestiti" è un termine ampiamente diffuso nel momento in cui in Italia non si parla ancora di gay (termine che si diffonde tra il 1969 e il 1971 con il movimento di liberazione gay), di *drag queen* e di *transgender*, e in cui a livello giuridico la condizione dell'omossessualità è ancora legata a una "tolleranza repressiva". Ricordiamo, a tal proposito, alcuni casi giuridici che hanno animato la cronaca degli anni Sessanta, come lo scandalo dei Balletti Verdi[24] e il caso Braibanti[25]. Nel 1972, anno di uscita de *I Travestiti*, il Centro

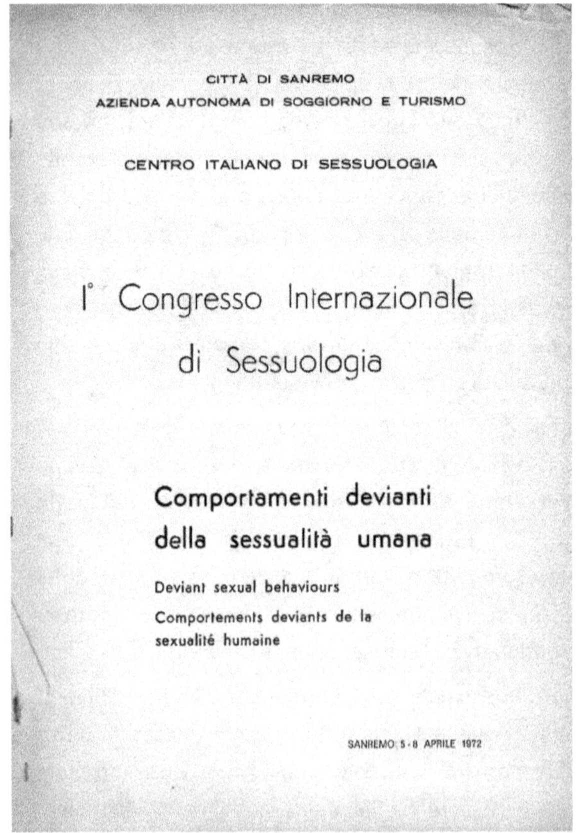

Programma del *I Congresso internazionale di sessuologia*,
Centro italiano di sessuologia, Sanremo, 1972

Italiano di Sessuologia organizza il proprio convegno nazionale al Casinò di Sanremo, continuando a descrivere l'omosessualità come anormalità e devianza, secondo un punto di vista ancora diffuso all'epoca. L'evento provoca la prima manifestazione di contestazione pubblica omosessuale nel nostro paese, con la partecipazione di attivisti provenienti dall'estero. Soltanto l'anno precedente, nel 1971, si era costituita la prima organizzazione omosessuale in Italia, Fuori!, acronimo di Fronte Unitario Omosessuale Rivoluzionario Italiano, che aveva tenuto la prima manifestazione pubblica a Roma, alla libreria L'Uscita, dove avevano partecipato anche molte femministe ed eterosessuali interessati al problema.

Per quanto la storia del libro de *I Travestiti* affondi le proprie radici negli anni Sessanta, è significativo evidenziare che il progetto vede la luce proprio nel momento topico delle battaglie portate avanti dai movimenti di liberazione omossessuale, segnando idealmente una convergenza tra attivismo politico e rivoluzione individuale. Sempre nel 1972 viene pubblicato in Italia il libro *I movimenti omosessuali di liberazione*, che raccoglie documenti, testimonianze e foto della lotta per liberazione omosessuale internazionale. Il libro è a cura di Mariasilvia Spolato con prefazione di Dacia Maraini[26], la quale, come osservato, parteciperà altresì alla presentazione romana de *I Travestiti*.

Ma cosa ha significato per Lisetta questo progetto? Il lavoro sui *Travestiti* la conduce a una profonda conoscenza di se stessa, come donna, al di là di un ruolo imposto dall'esterno e di un'identità sessuata che incasella rigidamente i generi. Nel suo scritto di presentazione al libro scrive: "Ma chi sono i travestiti? Perché – al di là del mezzo per vivere – cercano così disperatamente la condizione femminile? Che cosa significa per loro il mito della donna? E che cos'è 'la donna'? Intendo non solo per loro ma anche per i clienti. Tutte domande a cui è difficile dare una risposta, ma che sono vive e presenti nel nostro tempo e che mettono in crisi il rapporto uomo-donna"[27].

L'occhio di Carmi è puntato sull'identità, al di là del genere. Il suo lavoro innesca infatti una riflessione sull'impossibilità di contenere la complessità della sessualità umana in una proposizione sessuale binaria uomo, donna. Segna l'emergenza di un "soggetto nomade", che porta l'attenzione sul tema dell'identità fluida. Un soggetto, che è "situato tra i nodi delle contraddizioni sociali e personali"[28]. E tutto questo innesca o è innescato, appunto, da un processo di indagine autoriflessiva. Carmi infatti ricorda: "Io stessa in quel tempo ero assillata – forse a livello inconscio – da problemi di identificazione maschile o femminile. Oggi capisco che non si trattava tanto di accettazione di uno stato quanto di un ruolo. E i travestiti (o meglio il mio rapporto con i travestiti) mi hanno aiutato ad accettarmi per quello che sono: una persona che vive senza un ruolo. Osservare i travestiti mi ha fatto capire che tutto ciò che è maschile può anche essere femminile, e viceversa: non esistono comportamenti obbligati, se non in una tradizione autoritaria che ci viene imposta dall'infanzia"[29]. L'essere donna implica pertanto un divenire, un costruire continuo, una ri-significazione attraverso un'interrogazione e un'indagine del sé che parte da un'esplorazione antropologica e psicoanalitica. Un'indagine che sovverte gli stereotipi di quel "razzismo sessuale" che identifica la donna con la femminilità e l'uomo con la mascolinità impedendo la manifestazione dell'essenza profonda di un'identità.

1. Calvenzi Giovanna, *Le cinque vite di Lisetta Carmi*, Bruno Mondadori, Milano 2012.

2. "Carmi Lisetta", in Calvenzi Giovanna, *Le cinque vite di Lisetta Carmi*, cit., p. 32.

3. Sul rapporto con Genova si veda *Lisetta Carmi. Genova 1960/1970*, Humboldt Books, Milano 2019.

4. Si rimanda a tal proposito alla riflessione su arte femminista e medium fotografico affrontata da Perna Raffaella in *Arte, fotografia e femminismo negli anni Settanta*, Postmedia Books, Milano 2013, p. 15.

5. Carmi Lisetta, *I travestiti*, Essedi Editrice, Roma 1972.

6. Carmi Lisetta, in Gnoli Antonio, *Ritratto di Lisetta*, in Chiti Giovanna (a cura di), *Lisetta Carmi. Ho fotografato per capire*, Peliti Associati, Roma 2014, p. 10.

7. Braidotti Rosi, *Soggetto nomade. Femminismo e crisi della modernità*, Donzelli, Roma 1995.

8. Lucas Uliano, in Chiti Giovanna (a cura di), "Oltre i limiti della visione. Il percorso fotografico di Lisetta Carmi", in *Quaderni di AFT*, n.s., 3, Archivio Fotografico Toscano, Prato 2005, p. 5.

9. Carmi Lisetta, in Chiti Giovanna (a cura di), *Lisetta Carmi. Ho fotografato per capire*, cit., p. 32.

10. Lisetta Carmi, in Calvenzi Giovanna, *Le cinque vite di Lisetta Carmi*, cit., p. 41.

11. De Micheli Mario, "…e quando sarò morto mi farete il monumento con la redingote", in "BolaffiArte", a. VI, n. 48, marzo – aprile 1975, pp. 26-31.

12. Per una contestualizzazione più ampia di questa riflessione si veda in particolare al proposito Pollock Griselda, *Feminism and Modernism*, in Parker Rozsika, Pollock Griselda, *Framing Feminism. Art and The Women's Movement 1970-1985*, Pandora, Londra 1987, pp. 79-122.

13. Tutte le fotografie in essa contenute sono state pubblicate con una descrizione del progetto in *Lisetta Carmi. La bellezza della verità*, catalogo della mostra (Roma, Museo di Roma in Trastevere, 20 ottobre 2018 – 3 marzo 2019), a cura di Battista Martini Giovanni, Postcart Edizioni, Roma 2018, vol. III.

14. D'Alessandro Luciano, *Gli esclusi*, Il Diaframma, Milano 1969.

15. Per tutte queste informazioni si rimanda a Calvenzi Giovanna, *Le cinque vite di Lisetta Carmi*, cit., p. 53.

16. Il programma della giornata è conservato presso l'Archivio dell'artista. Ringrazio Giovanni Battista Martini per avermi concesso la consultazione.

17. Houghton Max, "Lisetta Carmi", in "Foam", n. 56, 2020, p. 86.

18. Butler Judith, *"Performative Acts and Gender Constitution: An Essay in Phenomenology and Feminist Theory"*, in "Theatre Journal", vol. 40, n. 4, dicembre 1988, pp. 519-531.

19. Sul rapporto tra oralità e scrittura nel *Marcatrè* si rimanda a Iamurri Laura, *Carla Lonzi sul Marcatrè*, in Conte Lara, Iamurri Laura, Martini Vanessa (a cura di), *Carla Lonzi. Scritti sull'arte, et al. /* Edizioni Edizioni, Milano 2012, pp. 707-723.

20. Carmi Lisetta, "Ezra Pound 1966", in *Marcatrè*, nn. 30-33, luglio 1967, pp. 327-345.

21. Lonzi Carla, *Autoritratto*, De Donato, Bari 1969.

22. *Ibid.*, pp. 33-34.

23. Facchinelli Elvio, in Carmi Lisetta, *I Travestiti*, cit. Parte del testo è ripubblicato sulla rivista "L'erba voglio", n. 11, maggio – giugno 1973 e in E. Facchinelli, *Il bambino dalle uova d'oro*, Feltrinelli, Milano 1974.

24. Bolognini Stefano, *Balletti Verdi: uno scandalo omosessuale*, Liberedizioni, Gavardo (BS) 2000.

25. Ferluga Gabriele, *Il Processo Braibanti*, Zamorani, Torino 2003.

26. Spolato Mariasilvia (a cura di), *I movimenti omosessuali di liberazione*, Edizioni Samonà e Savelli, Roma 1972.

27. Carmi Lisetta, in *I Travestiti*, cit.

28. Braidotti Rosi, *Volti e luoghi: i soggetti nomadi nelle fotografie*, in *Soggetto nomade. Agosti, Battaglia, Carmi, Catalano, Russo. Identità femminile attraverso gli scatti di cinque fotografe italiane 1965-1985*, catalogo della mostra (Prato, Museo Pecci, 14 dicembre 2018 – 8 marzo 2019), a cura di Perrella Cristiana e Magini Elena, NERO, Roma 2020, p. 8.

29. Carmi Lisetta, in *I Travestiti*, cit.

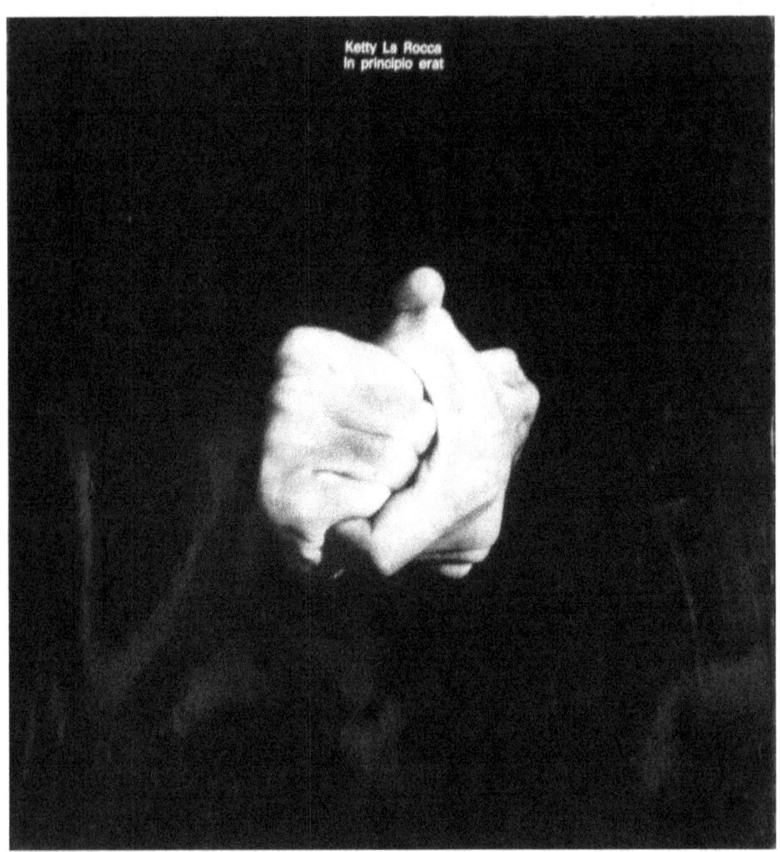

Copertina del libro *In Principio Erat*, Centro Di, Firenze 1971

Ketty La Rocca e l'archetipo della Grande Madre

Elena Di Raddo

Sono molte le artiste che negli anni Settanta affrontano nel proprio lavoro il tema della Grande Madre, l'archetipo che definisce con varie sfumature, nelle diverse epoche e civiltà, il principio generativo della donna, il suo rapporto privilegiato con la natura, espressione quindi non tanto della singolarità, ma di un principio femminile che accomuna tutti i generi, al di là della semplice distinzione di maschile e femminile. Facendo riferimento al libro della poetessa Adrienne Rich *Of Woman Born*[1], modello di partenza del suo progetto, Massimilano Gioni nell'introdurre la mostra che nel 2015 ha voluto dedicare a questo tema sottolinea come proprio l'essere nati da una donna accomuni tutti gli esseri viventi. Citando la Rich scrive che "l'unica esperienza unificatrice, incontrovertibile, condivisa da tutti uomini e donne, è il periodo di mesi trascorso nel grembo di una donna" e questo spiega "il ricorrere nei sogni, nei miti e nelle leggende, di un'immagine della madre come creatura potente, di un archetipo femminile dotato di divini e sovrumani e persino di un'età dell'oro matriarcale, governata dalle donne[2].

Magdalena Abakanowicz, Lynda Benglis, Judy Chicago, Eva Hesse, Ana Mendieta, Annette Messager, Carolee Schneemann, Mirella Bentivoglio, Lucia Marcucci, Marisa Merz e appunto Ketty La Rocca sono solo alcune delle artiste che negli anni del femminismo hanno affrontato questo grande tema e se ne sono fatte interpreti. I loro lavori sono stati probabilmente anche in parte influenzati – come sostiene in un recente studio Raffaella Perna[3] - da scritti teorici femministi quali, oltre al volume citato della Rich, *Beyond God the Father* (1973) di Mary Daly o *When God Was a Woman* di Merlin Stone, che hanno affrontato in chiave femminista il mito della Grande Madre, o meglio della "grande dea", facendo tesoro soprattutto dell'interpretazione che ne aveva fatto nel 1861 lo scrittore svizzero Johann Jackob Bachofen in *Das Mútterrescht* (Il diritto della madre)[4], dove, erroneamente, aveva sostenuto l'origine matriarcale della moderna civiltà, proprio basandosi sulla presenza delle molteplici versioni di questo idolo in diverse civiltà primitive.

L'archetipo della Grande Madre, sulla base di questo errore di fondo, diffuso dalla studiosa britannica dell'antichità cattolica Jane Harrison, ha suscitato e alimentato, almeno fino agli anni Ottanta, proprio le interpretazioni diffusesi in ambiti New Age. La "grande dea" junghiana ha attratto diverse studiose para religiose che l'hanno identificata con lo spirito femminile liberato. Sylvia Brinton Prerea in *A Way of Initiation for Women* (1981), ad esempio, celebra la dea sumera Inanna-Ishtar come sostituto di una linea religiosa patriarcale discendente dal cristianesimo e dal giudaesimo. La lettura matriarcale del tema della Grande Madre è stato anche al centro del fortunato volume dell'archeologa lituana Marija Gimbutas, *Il linguaggio della Dea* (1989), che raccoglie le scoperte degli scavi condotti nel bacino del Danubio e nel nord della Grecia[5]. Le sue conclusioni in merito al fatto che la civiltà occidentale europea fosse di origine matriarcale, sono state particolarmente apprezzate in ambito femminista, soprattutto negli ambienti esterni all'accademia; un po' meno in ambito accademico. Questo aspetto dell'archetipo della Grande Madre è appunto diventato determinante nella rivendicazione femminista: se le civiltà originarie hanno un'organizzazione matriarcale, di conseguenza, proprio da questa consapevolezza può nascere il riscatto sociale della donna. Questa ipotesi è stata rafforzata anche dall'approccio junghiano della psicologia femminile. Il libro della Gimbutas è infatti introdotto nel 1989 da un allievo molto popolare di Carl Gustav Jung, lo psicanalista Joseph Campbell.

Non è però questa lettura femminista del mito della Grande Madre, che Ketty La Rocca accoglie nel suo lavoro. E in questo La Rocca si inserisce pienamente nella logica dell'"advocate femminisme", di cui parla in questo stesso volume Federica Muzzarelli citando la studiosa Claire Raymond. Credo infatti che il suo approccio a tale archetipo, si debba all'interpretazione di questo tema che negli stessi anni diede un altro allievo di Jung, Erich Neumann. Il volume per il quale egli è noto si intitola *La Grande Madre. An Analyis of the Archethype,* pubblicato per la prima volta in traduzione inglese nel 1955[6]. Nel libro Neumann ricostruisce la nascita e la simbologia della dea facendo anche un ampio uso di immagini (74 figure e 185 tavole) di dee madri preistoriche e tribali, insieme a sculture e dipinti dall'antichità classica al Rinascimento. Gran parte di queste illustrazioni proviene dall'Archivio raccolto da Olga Froebe Kapteyen, una delle prime allieve di Jung, fondatrice dei Convegni di Eranos di Ascona, dedicati appunto agli studi junghiani[7].

Neumann, diversamente da Joseph Campbell, sviluppa l'aspetto della duplicità della dea madre: generatrice del mondo e della natura, ma allo stesso tempo distruttrice. Ciò che gli interessa non è tanto la maternità espressa da questo archetipo, interpretato in innumerevoli sculture e idoli antropomorfi nelle epoche più antiche, quanto la sua pericolosa duplice natura, di madre generatrice e allo stesso tempo distruttrice, così ben espressa nell'arte di tutti i tempi, da quelli, appunto, più antichi, all'epoca medievale[8], fino alle donne, stilnoviste e insieme demoniache, del simbolismo ottocentesco. Neumann lo mise chiaramente in luce, ma Campbell e i sostenitori femministi della dea, sostiene Camille Paglia in un suo recente contributo, non lo vedevano, "igienizzavano e semplificavano, spogliavano i fastidiosi residui dell'arcaico e barbaro residuo della dea"[9]. Secondo Paglia, che utilizza un approccio junghiano al tema della donna e più in generale alle teorie della psicologia femminile, le idee di Neumann, come del resto quelle di Jung, non hanno avuto molto fortuna nel momento in cui, alla fine degli anni Sessanta, si è sviluppato il movimento femminista. Le sue teorie apparivano reazionarie e arbitrarie, perché indagavano il ruolo della donna prima che essa entrasse in modo massiccio nel mondo delle professioni e quindi nel contesto della società contemporanea e soprattutto si "liberasse" del vincolo stereotipato della maternità.

Prima di affrontare l'approccio di Neumann al tema della Grande Madre, penso sia utile ricordare in quale momento dell'attività di Ketty La Rocca si può parlare di un interesse per così dire antropologico, suffragato tra l'altro anche dalla recente informazione che mi ha fornito Raffaella Perna, e cioè della presenza tra le diapositive di cui La Rocca si serviva per le sue riduzioni, opere in cui ricalcava immagini fotografiche prelevate, di due fotografie di idoli antichi rappresentanti la Grande Madre. Queste immagini, non datate, ma secondo Perna certamente non successive al 1974[10], chiamano in causa il corpo della donna, aspetto al quale La Rocca dedica attenzione a partire dall'inizio degli anni Settanta e proprio attraverso la mediazione della fotografia. Dopo quindi la fase verbo-visuale. È nel momento in cui l'artista comincia a utilizzare il proprio corpo, e soprattutto parti del corpo, in particolare le mani e il cranio, sedi della comunicazione non verbale, che subentra nel suo lavoro una dimensione mitica, primordiale. Si allontana dall'aspetto mediale dominante nella fase precedente dei cartelli o dei collage, fase certamente da leggersi anche in chiave femminista, ma di matrice molto diversa. L'interesse stesso per un linguaggio gestuale, peculiare di questo periodo più maturo, sarebbe per Francesca Gallo il vagheggiamento di un "codice originario" e "universale", la ricerca di un'origine arcaica della comunicazione[11].

L'utilizzo delle mani come linguaggio avviene per la prima volta nel libro fotografico *In principio erat*, pubblicato nel 1971 dal Centro Di di Firenze, che raccoglie una serie di fotografie di gesti rituali di tipo individuale e collettivo – danze e movimenti connessi con le antiche filastrocche italiane – e modello per la realizzazione insieme a Gerry Schum del videotape presentato alla Biennale di Venezia del 1972. Daniela Palazzoli, definisce appunto il gesto individuato da Ketty La Rocca quale modalità primaria di comunicazione linguistica, rifondazione di un "linguaggio originale", che non solo rende "espressivo il nostro corpo", ma crea "un legame di necessità fra il gesto e il ciò che esso esprime"[12].

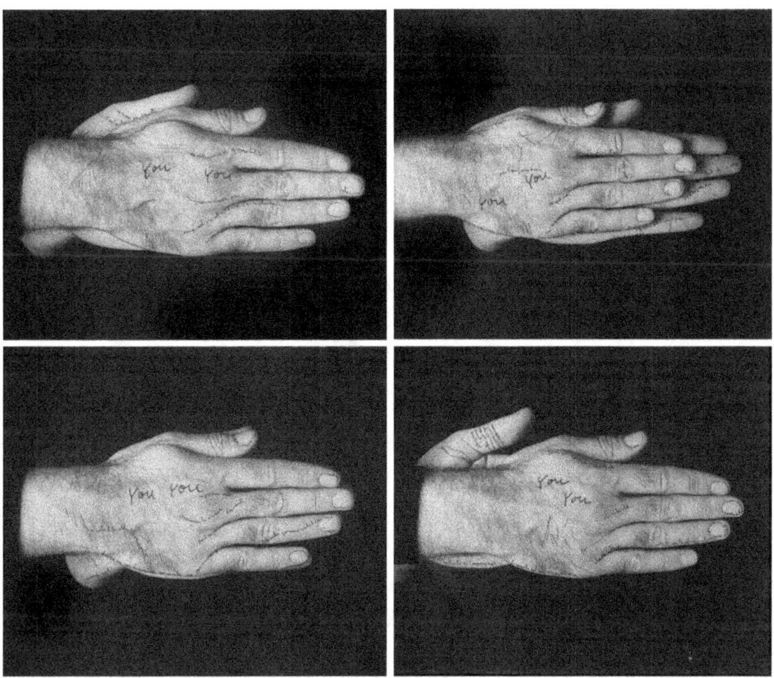

Ketty La Rocca, *Le mie parole. E tu?*, 1971, sequenza di 4 elementi, foto b/n e inchiostro su alluminio. Archivio Ketty La Rocca di Michelangelo Vasta, Firenze

La gestualità non è solo un supporto alla comunicazione verbale, "un supporto espressivo per enfatizzare maggiormente quello che vogliamo dire", ma nel lavoro dell'artista ne viene valorizzata tutta la "ricchezza di elementi mitici rituali fantastici che sono il patrimonio dell'umanità e insostituibile"[13]. Le frasi che corredano le fotografie, apparentemente con intento didascalico, nel libro non hanno in realtà alcuna funzione esplicativa, ma sono organizzate con un criterio nonsense. La parola, privata d'ogni possibile valenza comunicativa, diviene semplicemente traccia, segno, e sigla dell'artista, nuda testimonianza esistenziale.

La critica americana Lucy Lippard indica il libro quale esempio di come il linguaggio possa essere usato e manipolato grazie alla sua stessa natura flessibile, modellando le parole in modo sensuale, anche senza l'ausilio di immagini[14]. Accosta inoltre tale lavoro ad altre opere di artiste internazionali in cui, allo stesso modo, si fa uso della parola, quali *Transformation 1973-74* (New York 1977) di Ellen Lanyon, un libro con disegni a penna che danno il senso di un'apparizione magica; *Words* di Marcia Hafif (New York 1976) dalla scrittura intensa, senza pause; *Quotes and Queries* (Los Angeles 1976) di Sharon Hare, che combina costruttivismo e femminismo e *Ma collection de proverbes* (Milano 1976) di Annette Messager: un assemblaggio di detti popolari sulle donne. La studiosa riconosce nel lavoro maturo di Ketty La Rocca una decisa componente femminista, in grado di affermarsi a pieno titolo nel panorama dell'arte europea, ancora in gran parte dominata dal potere maschile. Nel volume *From the Center*, che raccoglie le esperienze dell'arte femminista internazionale, Lippard vede riflessa in lavori come *You You* (1974) e nella performance *Le mie parole, e tu?* (1975), appunto, quella intensa introspezione psicologica di indagine del Sé, che porta La Rocca a usare il proprio corpo non come mezzo per attrarre l'attenzione sul proprio lavoro, come usavano fare allora molte donne, ma per renderlo soggetto di un'indagine più intimistica in relazione al proprio Io e al rapporto con l'altro da Sé. Il suo lavoro viene ricordato insieme a una sola altra artista italiana di quegli anni, Diana Rabito, ma senza dubbio quella peculiare forza introspettiva che caratterizza l'indagine al femminile delle loro opere è ravvisabile all'inizio degli anni Settanta anche in altre artiste italiane che indagavano il proprio corpo in chiave psicologica.

Tale aspetto è evidente anche nel lavoro fotografico *Le mie parole, e tu?* (1971-72), che è formato da una serie di fotografie impaginate dall'artista in modo tale da sottolineare uno dei punti chiave del video *Appendice per una Supplica* (1972) da cui sono tratte: questo lavoro mette al centro il rapporto tra mano maschile e mano femminile. Le immagini, in particolare, puntano l'attenzione sulla sottrazione delle dita della donna da parte della mano maschile. Fino a impedire loro

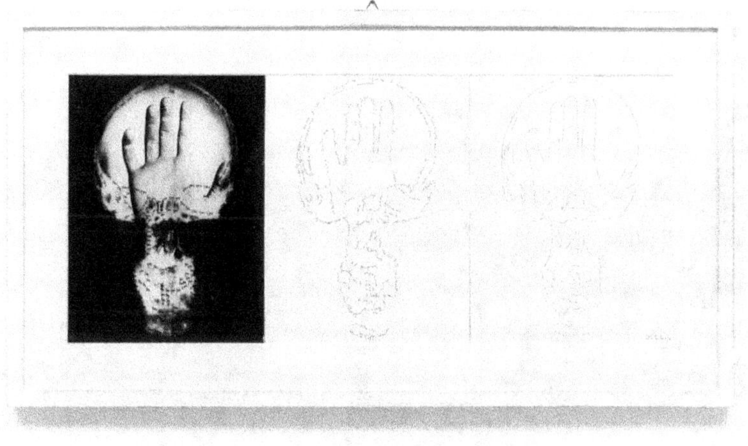

Ketty La Rocca, *Craniologia*, 1973, radiografia con sovrapposizione fotografica,
coll. Bianca Menna

qualsiasi movimento. Le mani maschili limitano e costringono lo spazio vitale delle mani della giovane donna. La drammaticità del gesto è sottolineata dallo sfondo scuro delle fotografie, come anche nel video, e dall'essere in primo piano, senza nessun altro dettaglio. La scritta "you", ossessivamente ripetuta a inchiostro sul dorso e sul palmo delle mani, intende sottolineare e marchiare indelebilmente l'esistenza dell'Io. Si tratta di una scrittura calligrafica, non meccanica, gutemberghiana. La scrittura a mano, infatti, è per l'artista l'unica possibilità di testimonianza, di affermazione dell'esistenza del Sé. La parola "You", come per la famosa performance alla Galleria Nuovi strumenti di Brescia, che farà seguito a questo lavoro, è una sorta di mantra.

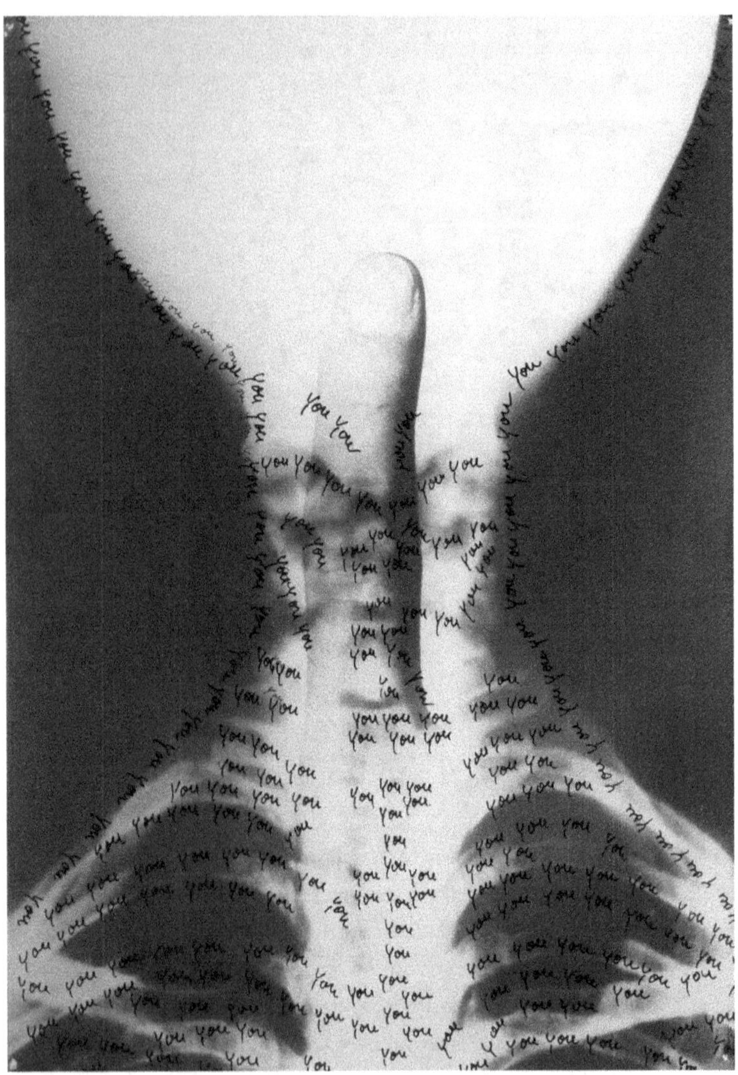

Ketty La Rocca, *Craniologia n. 5*, 1973 ca., radiografia con sovrapposizione fotografica. Archivio Ketty La Rocca di Michelangelo Vasta, Firenze

L'interesse di Ketty La Rocca per l'antropologia è riscontrabile anche nella serie delle "Craniologie", realizzate attraverso l'uso di lastre radiologiche del proprio cranio e la sovrapposizione di riproduzioni fotografiche, tra le quali vi è anche, appunto, una maschera rituale. In esse troviamo ancora ripetuta, sempre con scrittura calligrafica, la parola "You", "You". Tre di questi lavori furono mandati dall'artista a Romana Loda perché venissero esposti nella mostra *Magma*, che stava organizzando alla Fortezza di Olofredi. L'artista aveva confidato alla stessa Loda che negli ultimi mesi stava leggendo un importante testo sul senso della "grande madre mediterranea", "che allargava la comprensione dei vari fenomeni nei rapporti fra i sessi"[15]. E in uno scritto che accompagnava le tre "Craniologie" si può cogliere una lettura in chiave psicologica del concetto di Grande Madre, che potrebbe essere stata ispirata proprio da quell'importante testo che stava leggendo e che a mio parere potrebbe essere stato proprio il saggio di Erich Neumann, che rilegge il tema junghiano della Grande Madre. Questa intuizione potrebbe essere suffragata anche da un testo poetico consegnato da La Rocca a Romana Loda, pubblicato poi su "Il Giornale di Brescia" in occasione della scomparsa dell'artista. In esso si legge:

Animus: non mi morire di parole. | La radiografia del cranio è la maschera dell'uomo di ora

una maschera che porta addosso | e che assimila ogni uomo ad ogni uomo |Il volto per lui è pantomima, il linguaggio l'ha reso tale | la maschera cranio lo tradisce, non lo segue | la donna conserva un tragico volto fragile. | Ma cercare altro è solo involuzione | l'uomo ora è | o alienazione | o perversione | o vive avvinghiato ai sillogismi | i cervi sono veloci, gli indiani sono veloci, gli indiani sono cervi[16].

Ketty La Rocca invoca l'"Animus", la parte maschile, a "non mi morire di parole". Le parole rendono l'uomo una "maschera", rendono il suo volto una "pantomima", facendogli perdere la sua identità, solo la donna "conserva un tragico volto fragile"[17]. La donna, l'Anima,

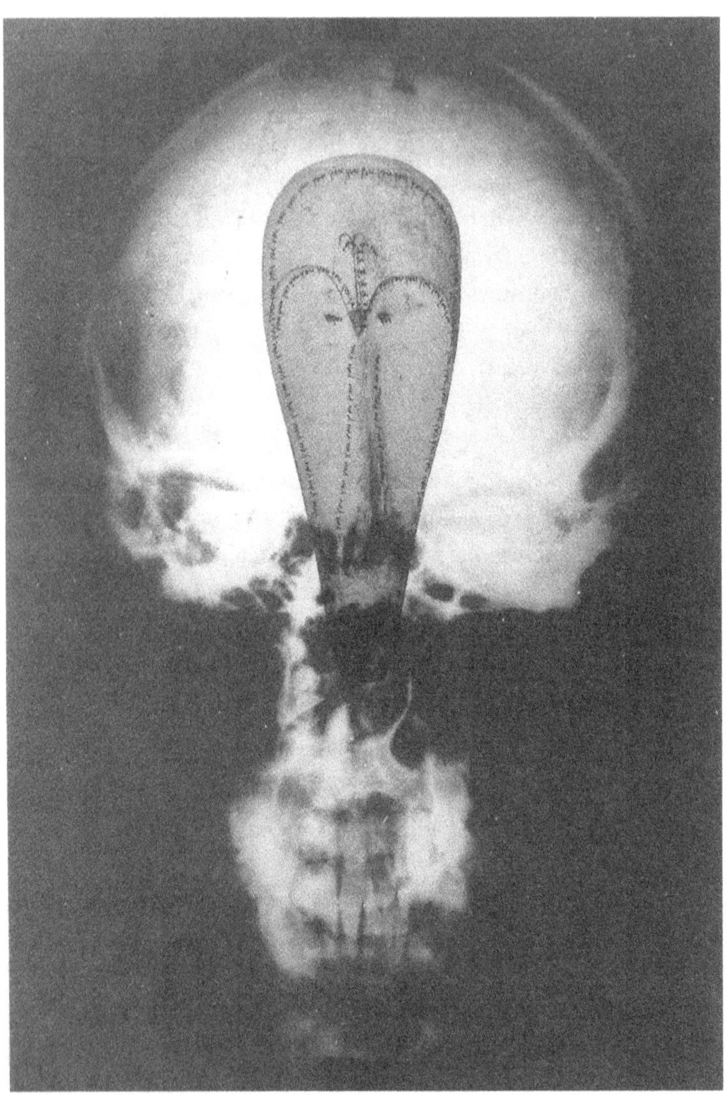

Ketty La Rocca, *Craniologia*, 1974, radiografia con sovrapposizione fotografica. Archivio Ketty La Rocca di Michelangelo Vasta, Firenze

rappresenta la dimensione tragica della realtà, la parte irrazionale, e questa sua peculiarità permette all'umanità di sopravvivere. La compresenza di Animus e Anima, di femminile e maschile nell'archetipo della Grande Madre è un aspetto specifico della lettura in chiave psicologica del mito teorizzato da Erich Neumann, che si era soffermato su vari aspetti del femminile. Nelle Craniologie, appunto, vediamo allo stesso tempo integrate in una stessa "immagine" la testa della donna Ketty La Rocca e la mano maschile: in un caso il pugno maschile, in un altro l'indice fallico.

La Rocca conosceva molto bene l'opera di Jung, dal momento che nella sua biblioteca è presente l'intera sua opera[18], e probabilmente conosceva anche gli studi di Neumann. Proprio nel 1975 esce in Italia *La psicologia del femminile*, dove lo studioso fornisce una lettura in chiave psicologica del mito antico della Grande Madre, elemento costitutivo dell'inconscio collettivo in cui sono presenti in modo indistinto sia la parte maschile che quella femminile. Nel libro Neumann teorizza quattro fasi mentali dello sviluppo psicologico delle donne. Il primo è la matrice indifferenziata o unità psichica in cui l'ego e l'inconscio sono ancora fusi. Questo stadio definito "matriarcale" è stato da lui simboleggiato come l'Uroboros, un antico simbolo di un serpente che si morde la coda, simbolo di solipsismo e fertilità. Nella seconda fase domina invece l'archetipo del Grande Padre, associato al razionalismo e al monoteismo, percepito come un distruttore o uno stupratore. Nel terzo stadio evolutivo della donna il maschile è identificato da Neumann in un individuo normativo, che libera la giovane donna dal padre che la controlla, ma che, allo stesso tempo, la vuole a sua volta controllare attraverso un matrimonio convenzionale. La quarta tappa, l'ultima, vede la donna maturare scoprendo il suo autentico sé e la sua voce. In questa fase, prendendo in prestito aspetti dal maschile, i ruoli sessuali si confondono.

Per Neumann quindi l'archetipo della Grande Madre, conservativo e nemico della differenziazione, è il principale ostacolo allo sviluppo del Sé individuale, che per conquistare la propria parte femminile deve sviluppare le proprie capacità di separazione e autoaffermazione.

Per fare ciò l'essere umano attraversa diverse tappe in cui l'uomo nell'autoaffermazione del Sè, a differenza della donna, risulta essere maggiormente facilitato. Mentre la donna tende a rimanere soggiogata al potere maschile. Solo attraverso tappe dolorose di morte-rinascita, ma soprattutto solo attraverso il confronto con il Tu, l'Altro, che è in primo luogo la Madre, la donna può fare esperienza del proprio Sé femminile e acquisire una propria "voce" spiega Neumann. Il punto centrale del mito della Grande Madre nella lettura di La Rocca è che è necessario riscoprire il valore dell'incontro tra uomo e donna, la diversità complementare, ai fini dell'autorealizzazione, possibile solo attraverso il confronto con l'Altro, che è la Madre, appunto, la matrice indistinta di maschile e femminile.

1. Rich Adrienne, *Of Woman Born* (1976), Norton, New York 1986. La versione italiana è stata pubblicata da Garzanti nel 1977 e poi in versione ampliata nel 1996, p. 47 e p. 125.

2. Gioni Massimiliano, *La Grande Madre. Donne, maternità e potere nell'arte e nella cultura visiva*, 1900-2015, in Gioni Massimiliano (a cura di) *La Grande Madre. Donne maternità e potere nell'arte e nella cultura visiva, 1900-2015*, (Palazzo Reale, Milano 26 agosto-15 novembre 2015) Skira, Milano 2015, pp. 16-17.

3. Cfr. Perna Raffaella, *Il potere del secondo sesso. Il corpo della donna e il culto della Dea nell'arte femminista degli anni Settanta*, in Gioni Massimiliano 2015, cit., e Perna Raffaella, *L'archetipo della Grande madre nell'arte delle donne negli anni Settanta*, in *Eva vs Eva. La duplice valenza del femminile nell'immaginario occidentale*, Gangemi Editore International, Roma 2020

4. Jackob Bachofen, *Das Mútterrescht* (Il diritto della madre), 1861 è stato pubblicato in Italia con il titolo *Il matriarcato. Ricerca sulla ginecocrazia nel mondo antico nei suoi aspetti religiosi e giuridici*, 2 voll., a cura di Giulio Schiavoni, Giulio Einaudi editore, Torino 1988.

5. Nel suo famoso libro *Il linguaggio della Dea* i culti preistorici (mesolitici e neolitici) collegati alla terra e fondati su divinità femminili preindoeuropee lunari e terrestri la Gimbutas sostiene che, tra il 7.000 e il 3.000 a.C., le prime civiltà organizzate in Europa e in Asia Minore (antica Anatolia) erano caratterizzata dall'uguaglianza tra i due sessi; le donne avrebbero ricoperto in questa società un ruolo dominante come sacerdotesse o capi clan e la vita sarebbe stata governata da una Grande Dea simbolo di nascita, morte e rinnovamento. Questa società sarebbe stata poi soppiantata da una cultura diversa, i cosiddetti Kurgan che si sarebbe imposta tra il 4.300 e il 2.800 a.C., trasformando l'antica cultura detta protoindoeuropea in una cultura patriarcale.

6. Il saggio di Neumann, *La Grande Madre. An Analisys of the Archetype* venne pubblicato per la prima volta in inglese nel 1955 da Ralph Manheim con la dedica a Jung ("A C.G. Jung, amico e maestro nel suo ottantesimo anno").

7. Nel fondo dedicato alla Grande Madre di Olga Fröbe-Kapteyn (Fondazione Eranos, Ascona, CH) sono raccolti oltre 350 immagini, molte delle quali furono esposte ad Ascona nl 1938 in una mostra organizzata in occasione di un seminario Eranos, dedicato quell'anno appunto interamente al tema della Grande Madre. La mostra fotografica venne poi portata a New York all'Analytical Psycology Club. Un elenco parziale delle immagini in mostra si trova in Hildegard Nagel, *Papers of the Analytical Psycology Club of New York City; The Eranos Conference 1938* (conservato presso il Warburg Institute e la Kristine Mann Library, Jung Center, New York).

8. Sono stati tra l'altro gli studi femministi dedicati all'arte medievale quelli che per primi hanno dato vita a una serie di interessanti contributi sulla iconografia dell'immagine della Dea. Per un introduzione sull'argomento si veda Easton Martha, "Feminism", in "Studies in Iconography", 2012, vol. 33, Special Issue Medieval Art History Today Critical Terms, 2012, pp. 99-112.

9. Paglia Camille, "Erich Neumann: Theorist of the Great Mother", in "Arion", 13-3, inverno 2006.

10. Perna Raffaella, *L'archetipo...*, op. cit. p. 152.

11. Gallo Francesca, *Ombre e riflessi del corpo nel lavoro di Ketty La Rocca*, in *Ketty La Rocca. Nuovi studi*, Postmedia Books, Milano 2015, pp. 48-49.

12. Palazzoli Daniela, "Ketty La Rocca: tornare a parlare con le mani", in "Data", n. 1, estate 1974, pp. 94-95.

13. Cfr. Masini Lara Vinca, *Per Ketty La Rocca 25 anni dopo*, in Saccà Lucilla (a cura di), *Omaggio a Ketty La Rocc*a, Pacini, Pisa 2001, pp. 12-13, citato in Del Belcaro Elena, *Intermedialità al femminile: l'opera di Ketty La Rocca*, Electa, Milano 2008, p. 156.

14. Lippard Lucy, "Surprises: Some Whomen Artists' Books", in "Chrysalys", Los Angeles 1977, p. 75.

15. Loda Romana, "Ketty La Rocca", in "Notiziario delle arti", 10 febbraio 1976.

16. La Rocca Ketty, *Animus*, 1975. Pubblicato in "Il Giornale di Brescia", 14 febbraio 1976 da Romana Loda in occasione della scomparsa dell'artista e poi in Saccà Lucilla (a cura di), *Ketty La Rocca. I suoi scritti*, Martano, Torino 2005, p. 35.

17. Ibidem.

18. Devo l'informazione al figlio Michelangelo Vasta, secondo il quale la madre studiava anche altri testi classici di filosofia e psicologia come le opere di Freud, Fromm e si altri autori molto in voga negli anni Settanta.

La parola alle protagoniste
Riflessioni e testimonianze

Giovanna Calvenzi
Donne con le donne

Paola Agosti
Isabella Balena
Marina Ballo Charmet
Liliana Barchiesi
Marcella Campagnano
Paola Di Bello
Bruna Ginammi
Silvia Lelli
Marzia Malli
Paola Mattioli
Donata Pizzi
Agnese Purgatorio
Livia Sismondi

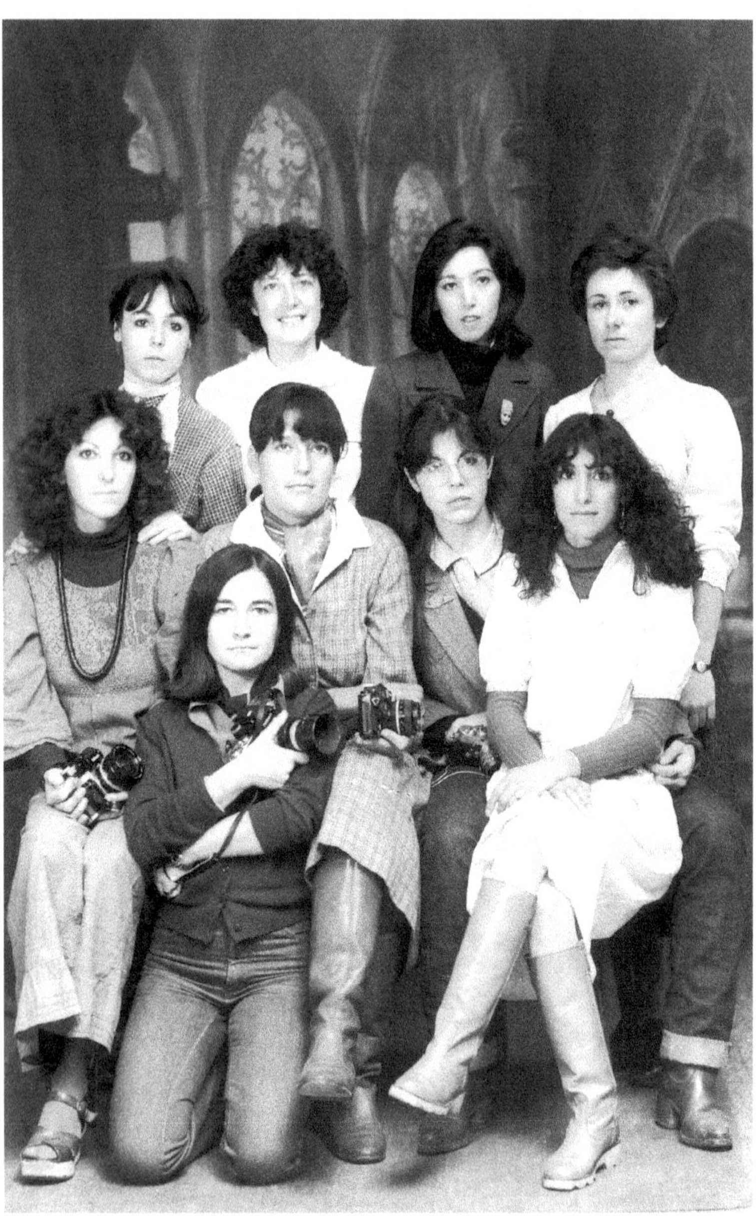

Collettivo Donne Fotoreporter: dietro, Marzia Malli, Kitti Bolognesi, Liliana Barchiesi e Laura Rizzi; al centro Livia Sismondi, Chiara Visconti, Giovanna Calvenzi, Angela Baroni; in ginocchio, Marisa Chiodo. Milano, 1978. Foto di Enzo Tollini

Donne con le donne
Giovanna Calvenzi

Negli anni Sessanta molte di noi si sono trovate con una macchina fotografica in mano. Eravamo tante. Venivamo da storie ed esperienze diverse eppure le intenzioni, i progetti, i sogni e l'impegno erano comuni. Alcune di noi erano legate ai gruppi extraparlamentari, altre al femminismo. In breve siamo diventate un gruppo forte e solidale. Frequentarci significava discutere di fotografia e di femminismo, fare progetti insieme. Io fotografavo in modo molto mediocre, non volevo diventare una fotografa ma amavo lavorare con le mie amiche.

Nel 1976, con Liliana Barchiesi, Kitti Bolognesi, Marzia Malli, Laura Rizzi, Livia Sismondi e Chiara Visconti abbiamo dato vita al Collettivo Donne Fotoreporter. E abbiamo iniziato a porci degli interrogativi: la relazione tra donne e fotografia, il senso dell'essere donne in una professione prevalentemente maschile, l'immagine che gli uomini danno delle donne…

Nel gennaio 1978 abbiamo fatto la nostra prima mostra dal titolo *I ruoli*. Ci siamo messe in posa e ci siamo fotografate in studio, giocando in maniera provocatoria sui luoghi comuni attribuiti alle donne fotografe: la moglie che avrebbe dovuto rimanere a casa e non girare il mondo, la madre che avrebbe dovuto dedicarsi solo ai figli, la bella che avrebbe dovuto stare dall'altra parte dell'obiettivo. Nel testo che accompagnava la mostra avevamo precisato: "Ma si sa che le donne oggi sono velleitarie: questi angusti spazi che ci vengono consentiti non sono certo i nostri e preferiamo non prenderli sul serio". Un progetto piccolo, forse anche un po' ingenuo, ma che testimonia ancora oggi il fervore che ci univa e la nostra capacità di donne di saper giocare, ribaltandoli, con i ruoli voluti dalla società maschile, mettendoci la faccia e il piacere di lavorare insieme.

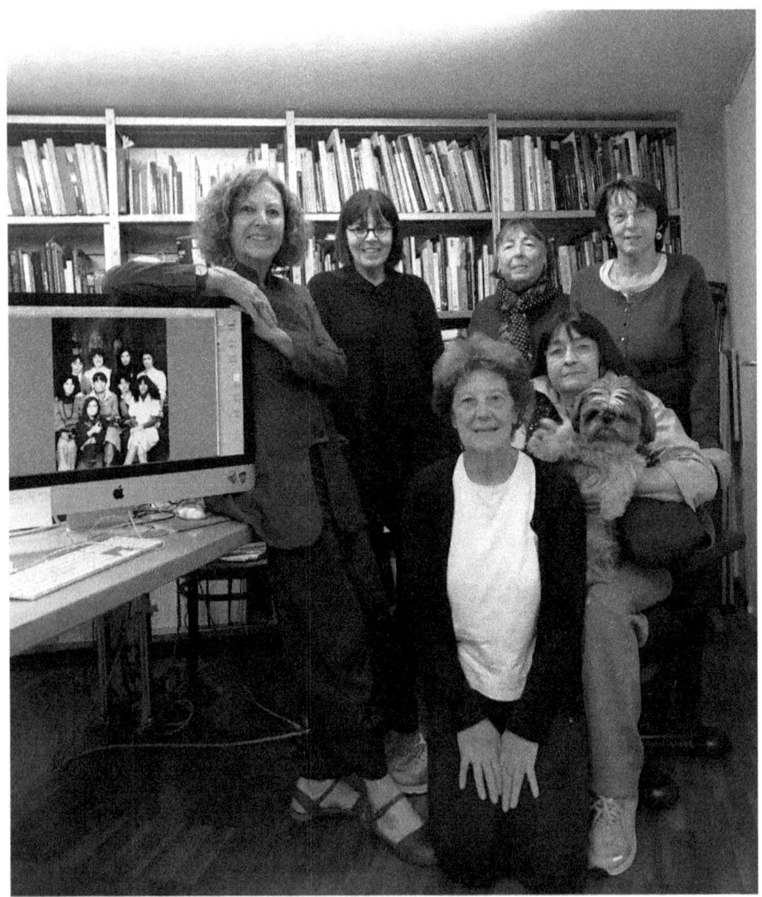

Livia Sismondi, Giovanna Calvenzi, Marzia Malli, Liliana Barchiesi. Seduta: Marisa Chiodo. In ginocchio: Kitti Bolognesi. Milano, 2018. Foto di Gianni Nigro

Ci chiedevamo – e ci chiedevano – se esiste una fotografia al "femminile", se dalle immagini è possibile riconoscere il sesso dell'autrice/autore. Per contro noi sapevamo bene che esistono temi ed impegni che solo le donne avrebbero potuto e voluto affrontare.

Il dibattito si allargava, coinvolgendo altre amiche: Marcella Campagnano, Angela Baroni, Gabriella Peyrot, Marisa Chiodo e ancora Giovanna Nuvoletti, Carla Cerati e Paola Mattioli. Nascevano nuove idee e nuovi progetti. Abbiamo lavorato a lungo sul tema dell'essere casalinghe. Ci siamo divise i campi d'indagine: fare la spesa, la relazione tra la cucina e il grembiule, l'uso delle scarpe da casa e di quelle "da fuori", gli elettrodomestici, i gesti del lavoro quotidiano, le camicie da notte e molti altri. Un'indagine quasi catalogica, ampia e diversificata, nata dalla complicità fra fotografe e fotografate e diventata poi una proposta espositiva - naturalmente con dibattito - da far girare in diverse città italiane, dal titolo *Gesti e oggetti delle casalinghe*. Ripensandoci non mi sembra un gran titolo ma nel testo di presentazione della mostra ritrovo ancora il valore del progetto: "Nel nostro ultimo lavoro professionale e personale coesistono: professionale per lo strumento e la ricerca linguistica, personale in quanto "gli operatori" (n.d.r.: operatrici!!!) si riconoscono nei soggetti fotografati, sono interpreti degli stessi gesti, fanno uso dei medesimi oggetti. Non a caso noi stesse compariamo nelle immagini. L'identificazione nel ruolo della casalinga come costante della realtà femminile, ha posto due condizioni al lavoro di ricerca: da un lato la necessità di non esprimere giudizi o compatire o compatirsi, dall'altro di consentire a ciascuna di noi un'espressione autonoma e un linguaggio personale. La realtà quotidiana è stata smembrata in una serie di tasselli: "il momento", "l'oggetto", "il gesto", "l'ambiente". L'insieme compone un mosaico che si propone di essere una "campionatura" della realtà". Il nostro traguardo più glorioso è essere state ospitate, il 26 ottobre 1979, con una mostra dal titolo "Una nessuna centomila", proposto da Marcella Campagnano, al "laboratorio d'if", la storica galleria palermitana diretta da Letizia Battaglia e Franco Zecchin.

Per qualche anno abbiamo condiviso progetti e pensieri, speranze e battaglie, sempre con impegno e allegria. La condivisione d'intenti era stata lo stimolo, in sintonia con i tempi, per farci incontrare, parlare e confrontarci, superando differenze professionali in favore di un'identità di genere e degli obiettivi comuni che davamo al nostro impegno.

Nel 2019 il mensile *Foto.it* mi ha chiesto di ricordare l'esperienza del Collettivo Donne Fotoreporter. Così concludevo la mia riflessione: "Poi, lentamente, la nostra attività comune è diminuita e ognuna di noi ha seguito la propria strada. Non abbiamo neppure deciso di scioglierci, semplicemente è andata così. Io non sono mai diventata fotografa, altre lo sono diventate e ancora continuano la loro attività, altre hanno seguito strade diverse. Nell'estate del 2018, per un testo che dovevo scrivere, ho cercato su Google qualche riferimento al Collettivo Donne Fotoreporter. Niente. Mi sono ricordata che in quegli anni eravamo andate tutte insieme a farci fotografare da Enzo Tollini, che dal 1900 aveva un meraviglioso, storico studio a Milano, in via Paolo Sarpi 15. Ho ritrovato il ritratto collettivo e l'ho pubblicato su Facebook con uno straordinario successo di *like*".

Un grazie dovuto e voluto a Renata Ferri,
Gabriella Guerci e Laura Incarcona.

Paola Agosti

Non è semplice raccontare in poche righe i miei anni
Settanta come fotografa e come donna coinvolta con
l'esperienza del femminismo.
Esperienza umana e professionale che irruppe nella
mia vita alla fine del 1974 quando l'editore Savelli
mi commissionò un libro fotografico sul movimento
femminista.
All'epoca lavoravo già da cinque anni come fotoreporter
indipendente e vivevo a Roma, città in cui mi ero trasferita
dalla natìa Torino.
Il libro "Riprendiamoci la vita" uscì nel 1976, ma io
continuai a fotografare il movimento per una decina
d'anni, riconoscendomi nelle sue sacrosante battaglie.
Contemporaneamente, collaborando con "Noi donne",
la rivista dell'UDI, conoscevo un'altra realtà femminile,
altrettanto viva e stimolante. Quella di un'Italia fatta
di donne che militavano nei partiti della sinistra, nel
sindacato, che lavoravano in fabbrica e nelle campagne,
donne di una generazione che aveva vissuto la guerra e
aveva partecipato alla Resistenza.
A Roma seguivo l'attualità e ogni giorno avevo il mio da
fare: politica, economia, Vaticano, cinema e televisione.
Fotografavo e vendevo ai giornali romani e milanesi, ma
volevo viaggiare e conoscere altre realtà, così nella decade
dei Settanta realizzai vari reportage in America Latina,
negli Stati Uniti, in Somalia, in Mozambico, in Portogallo,
ad Algeri, a Berlino Est. Ritrassi Salvador Allende,
Fidel Castro, Indira Gandhi, Yasser Arafat, Mu'ammar
Gheddafi e tanti altri. Nel 1978 realizzai un reportage
nelle carceri femminili di Roma, Venezia, Perugia e
Messina e quello stesso anno iniziai una ricerca fotografica
che terminò con l'uscita del mio secondo libro "Immagine
del mondo dei vinti", trascrizione visiva del libro di
Nuto Revelli. Scoprivo così "il terzo mondo alle porte di
Torino": i contadini e i montanari delle zone depresse del
Cuneese, gli emarginati, i dimenticati di sempre.

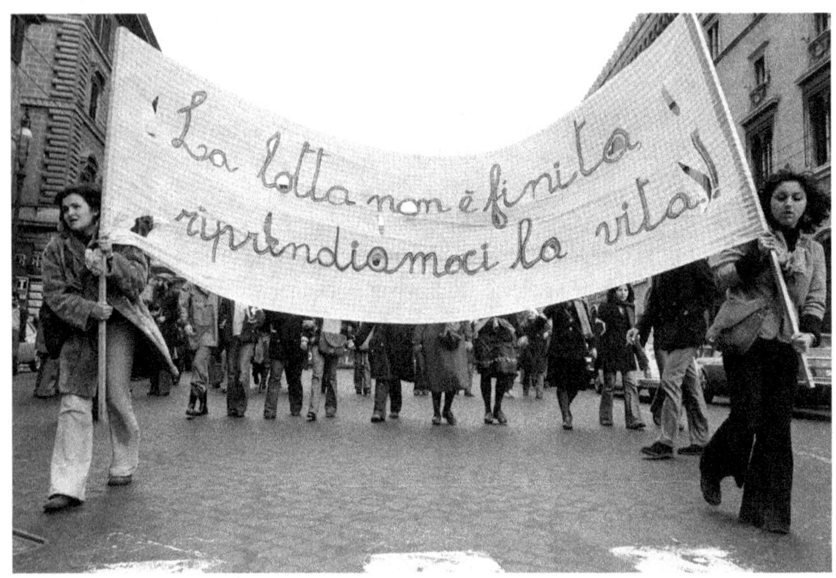

Paola Agosti, *Roma, 8 marzo 1976*, 1976

Ripensando oggi alla mia vita professionale negli anni Settanta
(ma gli Ottanta non furono da meno!) mi domando dove trovassi
tutta quell'energia per lavorare. Ero certo motivata dal desiderio
di rendermi autonoma e affermarmi in una professione che aveva
poco a che vedere con la mia famiglia d'origine, una bella famiglia
di intellettuali. Anche grazie al loro sostegno, grazie all'aiuto di mio
padre, al modello di donne colte ed emancipate come mia madre
e le mie nonne, riuscii a farmi strada in un mondo molto maschile
che in quegli anni vedeva pochissime donne in Italia attive nel
fotogiornalismo.

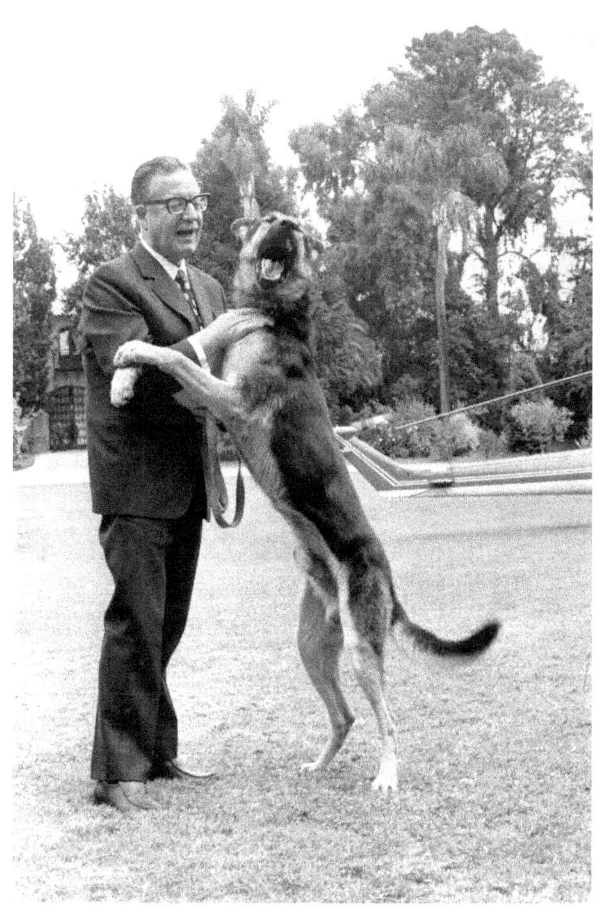

Paola Agosti, *Salvador Allende,* Santiago del Cile, 1970

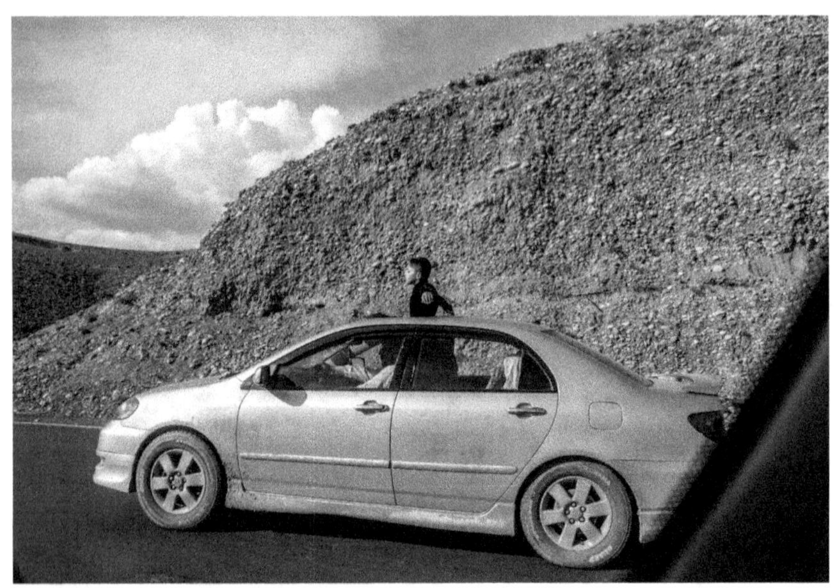

Isabella Balena, *Verso Kabul*, Afghanistan 2019

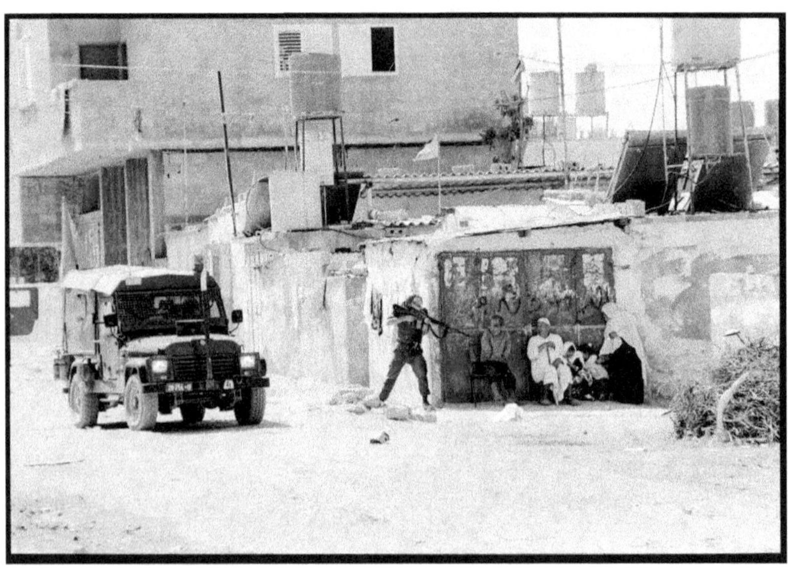

Isabella Balena, *IDF (Israeli Defence Force) in pattugliamento a Gaza*, Striscia di Gaza 1993

Isabella Balena
Non ho mai pensato che non potessi farlo

Negli anni '70, per ragioni anagrafiche, il femminismo l'ho vissuto solo di riflesso ma senz'altro assorbito nell'aria impregnata di politica di quegli anni e attraverso l'impegno di mia madre nell'UDI - Unione Donne Italiane.

Nell'incertezza del "cosa fare da grande", esplorando oltre i miei confini, mi resi conto che con la fotocamera al collo, mezzo magico e straordinario, avrei potuto viaggiare, conoscere il mondo e persone nuove, entrare in mille situazioni diverse, ovvero fare ciò che corrispondeva a quello che volevo essere.

Nella scelta di impegnarmi nel fotogiornalismo, settore giudicato non prettamente femminile, non sono stata incoraggiata ma nemmeno particolarmente ostacolata.

E soprattutto, non ho mai pensato che non potessi farlo. E credo che proprio questo pensiero o non-pensiero, è un lascito importante del movimento di libertà che le donne hanno messo in piedi e che ha avuto enormi riflessi nell'esistenza e nella consapevolezza dell'agire futuro delle donne. Le cose cambiano davvero se ti metti fisicamente in gioco.

Sul tema, se è un tema, se vi è una fotografia maschile ed una femminile, mi chiedo se la stessa domanda viene posta anche ad altre arti ovvero, se vi è una pittura, una musica, una scultura di genere. Senz'altro vi è una sensibilità diversa verso certi temi e soggetti e sicuramente le donne hanno generalmente uno sguardo più introspettivo e rivolto al raccontarsi, ad analizzare il proprio intimo rispetto agli uomini. Forse un retaggio di anni di isolamento e di segregazione in casa.

Ma credo anche che uno sguardo di genere in quei settori della fotografia che non comprendono la persona come soggetto quali ad esempio architettura, paesaggio, industria, still life sia più difficile da sostenere, mentre laddove la fotografia esplora le persone - il reportage, il ritratto e in parte anche una certa moda - vi possono essere delle differenze più evidenti di interpretazione sul "come e sul cosa" fotografare, soprattutto se il soggetto è il corpo femminile.

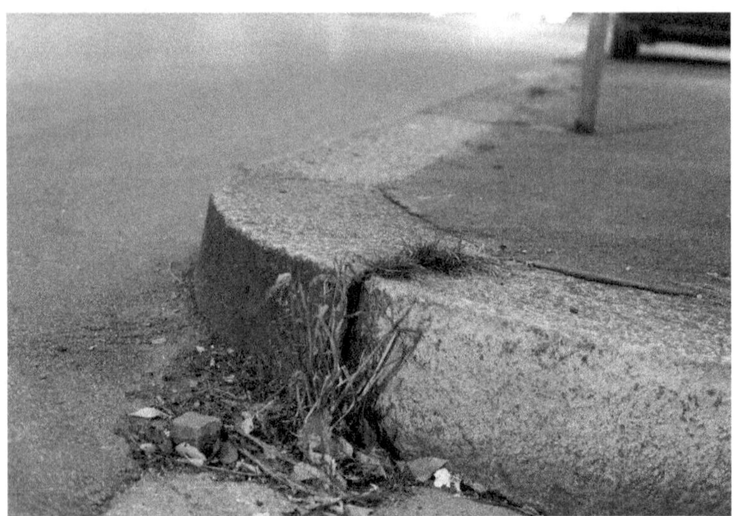

Marina Ballo Charmet, *Con la coda dell'occhio*, #17, 1993-1994

Marina Ballo Charmet

Nei primi anni Settanta partecipavo al movimento
femminista. In un gruppo extraparlamentare ricordo che si
discuteva a lungo se stare nel movimento o separarsi e fare
un gruppo femminista a sé stante. Poi vinse questa linea.
Erano gli anni delle lotte per il divorzio e la legge sull'aborto.

Più tardi mi ritrovai ad entrare a lavorare nei servizi pubblici
del territorio di Milano SIMEE, Servizi di Igiene Mentale
per la prevenzione del disagio e il sostegno del ruolo materno
nelle prime fasi di sviluppo del bambino e in seguito anche
nel Consultorio familiare, un servizio costituito proprio
sulla scia delle lotte per il sostegno alla donna e alla famiglia.
Dalla metà degli anni Ottanta mi avvicinai al lavoro con la
fotografia e il video. Posso dire in sintesi che la contestazione
all'autorità non solo patriarcale è diventata da subito centrale
nei mei vari progetti sia fotografici che video.

Questo riguarda soprattutto il punto di vista del linguaggio
utilizzato ma anche il contenuto che è dimesso e tutt'altro
che accattivante e ha come oggetto lo scarto e il non bello.

L'oggetto delle mie riprese, a partire dal progetto *Con la
coda dell'occhio* – relativo alla percezione di sfuggita della
nostra vita quotidiana nella città – è stato la visione contro la
posizione verticale dell'uomo eretto. Era chiara una critica
alla posizione antropocentrica e del controllo sull'oggetto-
luogo. La scelta che ho voluto fare – in questo progetto
e anche in seguito – è stata quella dell'altezza dell'occhio
di un bambino piccolo (di tre-quattro anni): la visione
periferica che non ha un controllo razionale e analitico
definito sull'oggetto-luogo. Si tratta piuttosto di una visione
antiautoritaria che vaga con disattenzione e fa propri gli
elementi che sfuggono alla centralità, al controllo, dando
spazio al "friche", al selvatico, allo scarto. Uso il fuoco e il
fuori-fuoco non sempre nella stessa zona e l'altezza della
visione rimanda all'importanza del margine, dell'accidentale,

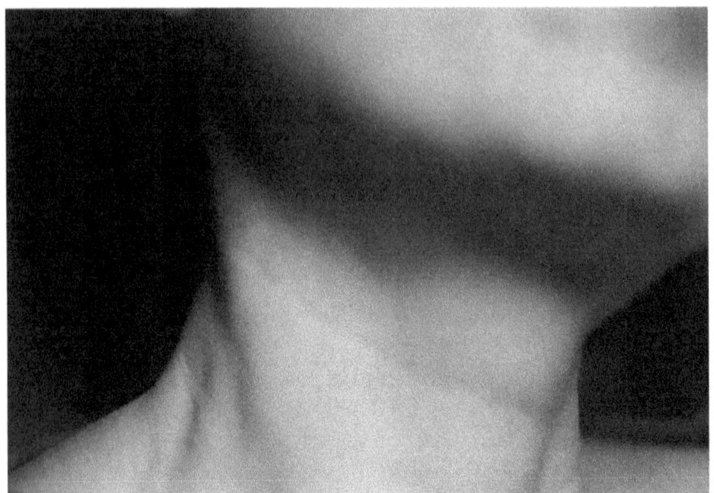

Marina Ballo Charmet, *Primo campo*, #4, 2001

del rumore di fondo della nostra mente. L'idea è quella di prestare attenzione – un'attenzione fluttuante – al margine della narrazione. Viene così recuperata la visione distratta e disattenta e ciò che viene in generale dimenticato e lasciato cadere dalla mente: la cosa minima.

L'attitudine empatica nei confronti dell'oggetto-luogo significa allora "essere con" all'interno della relazione. In tanti miei progetti di fotografia e video, come per esempio nei lavori sulla piega o in *Primo campo* è pregnante la vicinanza all'altro in una relazione tattile, quasi olfattiva.

Pensandoci ora si potrebbe dire in sintesi che non è solo la lotta alla violenza del patriarcato ma la difesa dei diritti del non-visto e del non-centrale.

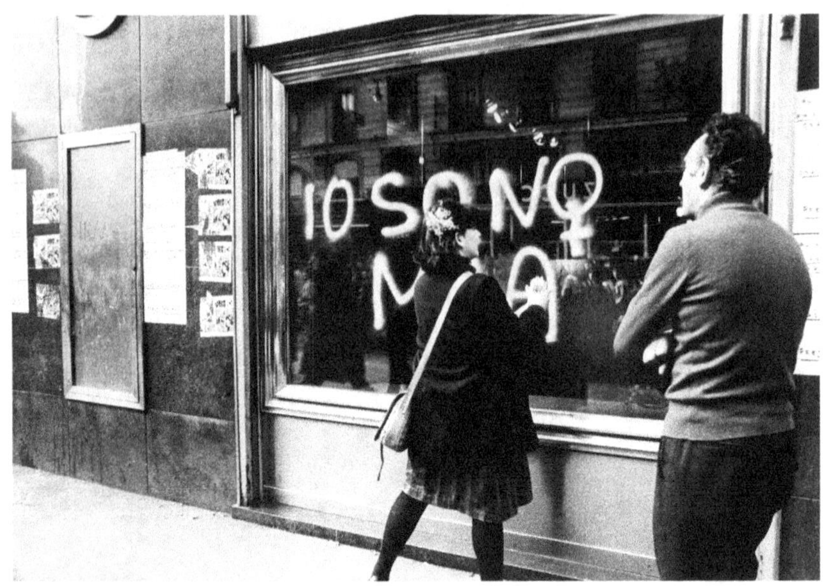

Liliana Barchiesi, *IO SONO MIA, Manifestazione 8 marzo 1978 a Milano,* 1978

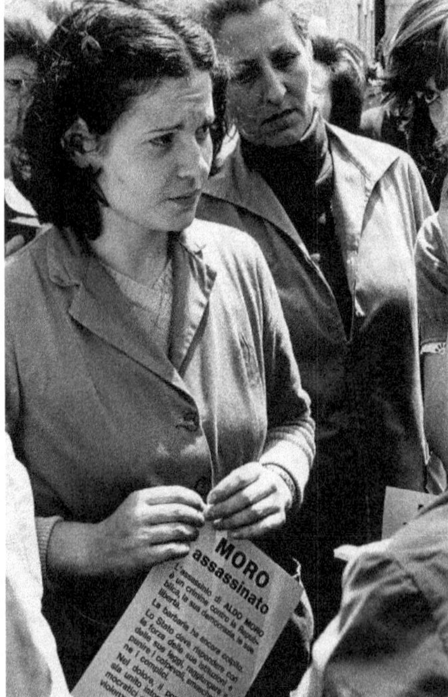

Liliana Barchiesi, *Operaie della Sit-Siemens prima dell'assemblea per l'assassinio di Aldo Moro a Milano,* 11 maggio 1978

Liliana Barchiesi
Negli anni Settanta

L'appartenenza al movimento femminista è avvenuta
prima del mio "fare fotografia". Gli anni '70 furono un
periodo denso di avvenimenti, anche tragici, non a caso
definiti anni di piombo, ma accanto a questi c'era una
tensione verso un rinnovamento ormai indispensabile
e in questo senso si adoperò il Movimento femminista.
Avevo allora il privilegio di conoscere e frequentare
fotografi già famosi, Gianni Berengo Gardin,
Cesare Colombo e un più giovane Gabriele Basilico
già proiettato verso un percorso che ne avrebbe
confermato capacità e fama. Fu probabilmente questo
che mi stimolò: potevo mettermi alla prova utilizzando
la fotografia al servizio del Movimento delle donne.
Cominciai in sordina, i miei referenti erano importanti
quanto schiaccianti, ma sopperivo con la passione e con
la certezza che sarebbe stato utile. Le manifestazioni di
piazza erano la parte più evidente del Movimento, ma
a monte c'era il lavoro di elaborazione, di pensiero e di
confronto. La pratica dell'autocoscienza si svolgeva in
piccoli gruppi, era la narrazione dei nostri vissuti che
facevano emergere con forza le identità delle nostre
reciproche storie. Gli slogan ben sintetizzavano: *Il
personale è politico, Io sono Mia, Non più puttane non
più madonne finalmente siamo donne, Donna è bello*;
scritti sui manifesti e gli striscioni che fotografavo nei
cortei lungo i percorsi delle città d'Italia. Ho cercato di
indagare sulle vite che ci raccontavamo negli incontri
di autocoscienza: ho fotografato casalinghe, lavoratrici,
madri, figli, coppie e famiglie; nei Consultori
neomamme e giovani gestanti che si scambiavano le
loro esperienze. I Consultori erano luoghi di incontro e
di scambio, oggi sono comuni ambulatori quando non
gestiti dal Movimento per la vita. Nei bambini colti nei
loro giochi scoprivo stereotipi e ruoli già radicati in
giovanissima età e sugli stereotipi e ruoli ho cercato di
riflettere e far riflettere. Questo e altro nei miei anni '70
condivisi.

Marcella Campagnano

La mia testimonianza al seminario è interamente
ascoltabile al seguente link:
https://www.youtube.com/watch?v=9OvxPAjlW4k
Vorrei solo aggiungere che la mia attuale condizione
mi spinge a dichiarare l'insormontabile difficoltà di
affidare, ancora una volta alla scrittura, il compito
di ricondurre a ovvi e comprensibili significati
l'autenticità dell'esperienza da cui è nato il mio lavoro
del '74 *L'Invenzione del Femminile: RUOLI*.
A questo rigetto corrisponde anche il sofferto
riscontro determinato dalla resistenza, sempre più
diffusa ai nostri giorni, ad accettare con fiducia e
piacere la pura immagine, malgrado la sua indubbia,
irriducibile complessità.
Qui tornano ad affiorare alla memoria le parole di
Susan Sontag, quando dice che interpretare l'opera
significa addomesticarla e che, questa operazione, è la
vendetta dell'intelletto sull'Arte.
Un'affermazione che, inutile dirlo, trova tutto il mio
consenso.

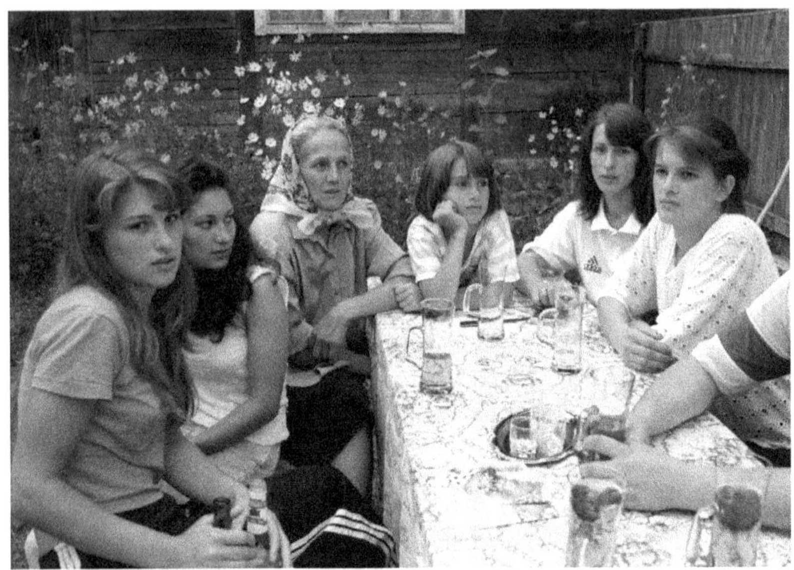

Paola Di Bello, *I dodici occhi di Iliescu*, Baia Borsa, Romania, 1998-2020

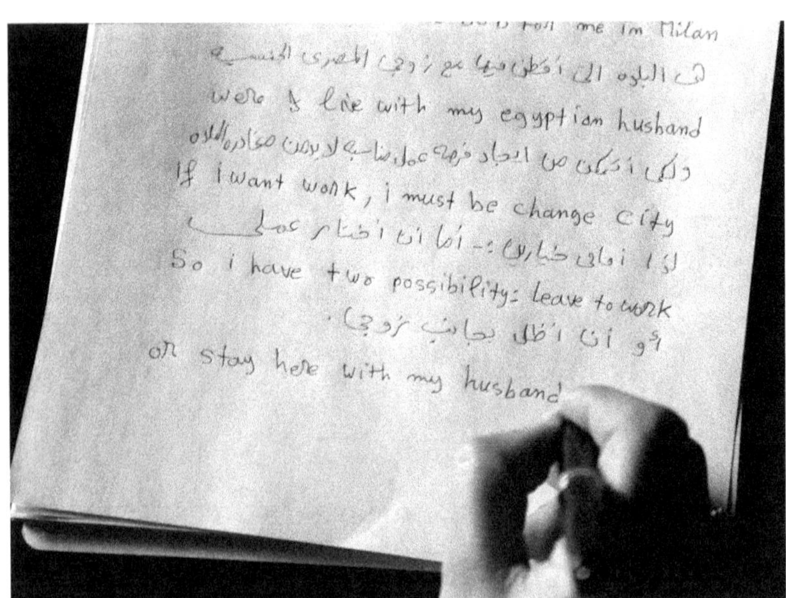

Paola Di Bello, *Le dodici fatiche di Marwa*, 2005

Paola Di Bello

Il mio rapporto con il femminismo degli anni Settanta è
fortemente legato alla percezione dei cambiamenti sociali che
vivevo attorno a me durante gli anni delle scuole superiori, che
poi si è evoluto con il passare degli anni.
I dodici occhi di Iliescu è un'opera che fa parte di una serie
realizzata nel 1998, in Romania. Iliescu è il cognome della
famiglia raccolta attorno al tavolo, in cui manca la presenza
maschile. Gli uomini in quegli anni, spinti dalla situazione
geopolitica, partivano per Milano alla ricerca di un lavoro
lasciando le donne nel loro Paese d'origine. Le donne Iliescu
vivevano in maniera non dissimile a quelle del meridione
italiano, che ho lasciato io stessa emigrando a Milano con la
mia famiglia negli anni Settanta.
Quello che più mi interessa in questo scatto è il gioco di
sguardi che si crea attorno al tavolo. Lo sguardo, tema per
eccellenza della fotografia, qui assume sfaccettature di grande
intensità. Se volessimo guardare questa fotografia come se
fosse un quadro del Cinquecento, la ragazza con la maglietta
rosa sulla sinistra, con il suo sguardo diretto allo spettatore, è
l'artista. Proseguendo, la seconda ha uno sguardo di invidia,
diretto alla sorella che le sta di fronte che, nonostante non sia
la più grande, ha già trovato un fidanzato. La madre anziana,
che sta per proferire parola, rappresenta la saggezza, affiancata
dalla più piccola, che sognante guarda in una direzione a noi
sconosciuta. Sulla destra, la sorella più grande, usurpata dal
ruolo dell'essere la prima a essere fidanzata, è lo sguardo della
tristezza. Pacifica e dallo sguardo più maturo è l'ultima che ha
assunto il ruolo della sorella maggiore.
La seconda fotografia che presento è uno still dal video *Le
dodici fatiche di Marwa*. Marwa è una donna egiziana, emigrata
in Italia, il cui destino è incerto. È una donna emancipata che
non riesce a trovare lavoro in Italia perché la sua laurea non
viene riconosciuta. Quindi è costretta a scegliere tra il marito
in Italia o il lavoro in Egitto. Questa esperienza, comune a
tante donne, viene traslata nel video attraverso la scrittura
ininterrotta di un testo in arabo e inglese, che da destra a
sinistra e da sinistra a destra racconta della sua dicotomia.

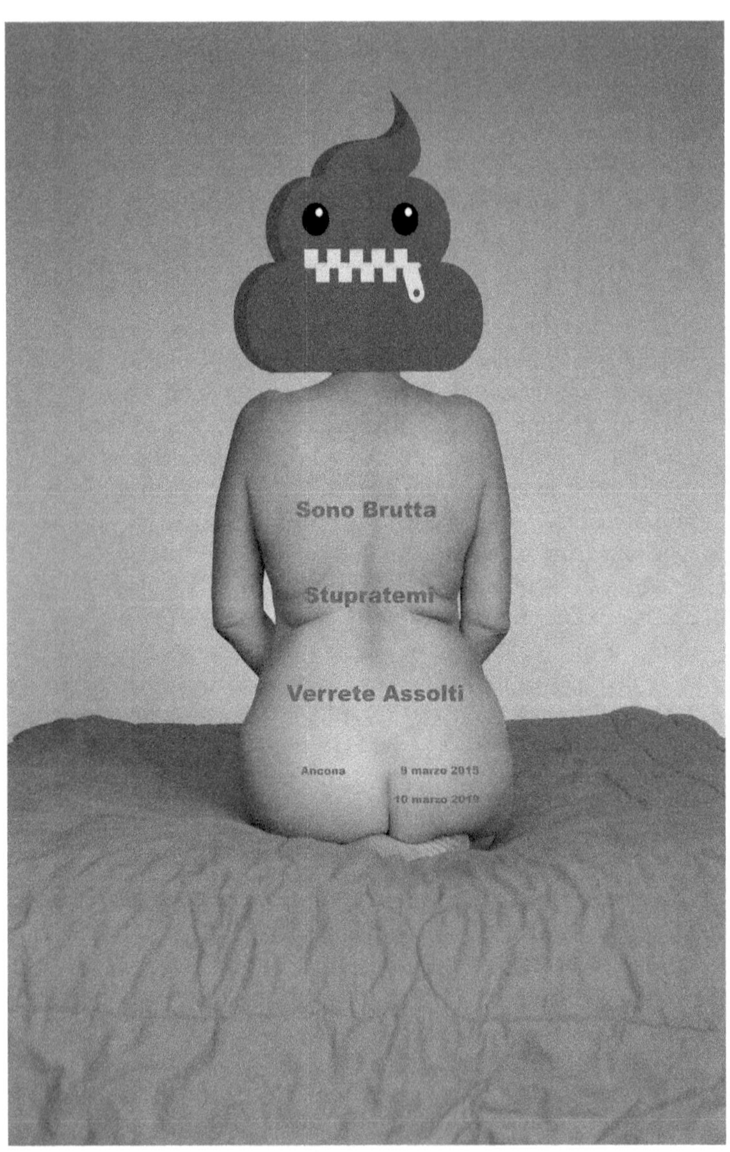

Bruna Ginammi, *Milano back*, 2018-2020

Bruna Ginammi

Le mie prime reminiscenze del femminismo risalgono al 1973, sono composte da immagini a colori, inquadrature fugaci di zoccoli di cuoio e legno, gonne larghe a fiori, capelli lunghi e ribelli sul volto sorridente delle ragazze.
Più tardi alle superiori ricordo le manifestazioni, gli slogan, gli striscioni variopinti, le riunioni interminabili, dove ho imparato l'importanza della condivisione dei valori e la sorellanza.
Non per mio volere, ma per una questione anagrafica, mi sono trovata in veste di testimone ad essere figlia della seconda ondata del femminismo.
Nel mio apprendistato di fotografa ho condiviso molte esperienze con professionisti uomini, raramente ho percepito lunghe distanze fra noi. Ho realizzato di essere diversa dall'altro sesso nel momento in cui ho desiderato un figlio.
Lungo la strada ho incontrato persone che mi hanno chiesto il "perché" della mia scelta di diventare madre, non sapevo come rispondere.
Crescendo il mio bambino, mi sono trovata catapultata in un mondo altro.
Più che le prime vicende lavorative come fotografa, l'esperienza della maternità mi ha permesso di estendere una nuova visione del mondo, portandomi a riflettere sulle problematiche del femminismo a oggi ancora non completamente risolte.
Nel 1996 ho ripreso un progetto sul tema dell'identità fotografando me stessa per conoscermi più in profondità, per indagare le molteplici identificazioni che mi abitano e approfondire le variegate tematiche femminili. In una serie dal titolo Back 2018, ho fotografato la mia schiena che utilizzo come una lavagna, dove scrivo le mie considerazioni inserendo gli emoji.
La tecnica dell'autoritratto è un'operazione complessa e arricchente, mi permette di calarmi totalmente nella scena che voglio rappresentare, nella frazione di uno scatto mi ritrovo ad essere regista, attrice e spettatrice, consentendomi di ampliare gli orizzonti della mia comprensione.
Nel terzo millennio voglio continuare a essere parte attiva come fotografa, perché come dice Donata Pizzi "la fotografia delle donne è femminista perché il personale è politico".

Silvia Lelli

Mi sono formata negli anni Settanta, ho studiato a Firenze alla
facoltà di architettura. Sono arrivata a Milano nel '74, appena
laureata, con una gran passione per il teatro e la musica. Ho
iniziato a confrontarmi con il territorio sulla spinta di istanze
politiche molto presenti nell'ambito universitario fiorentino
da dove provenivo. Vivevo dell'attenzione all'avanguardia,
soprattutto teatrale, nelle sue espressioni legate alla performance
art. Frequentavo i luoghi dove queste espressioni si manifestavano,
spazi molto diversi da quelli istituzionali. Viaggiavo molto perché
le iniziative erano sparse sul territorio nazionale e non solo, era un
momento incredibilmente vivace.
Stavo costruendo la mia professione ed ero alla ricerca di un
confronto con altre donne fotografe. Conoscevo il nome di Carla
Cerati e così la chiamai. Avevo visto qualche suo lavoro e letto
uno o due suoi romanzi. Fu molto gentile e mi invitò ad andarla
a trovare. Nelle occasioni che seguirono conobbi Paola Mattioli
e Uliano Lucas. Fu il momento in cui nacque l'Airf, Associazione
Italiana Reporter Fotografi. Quello è stato il mio modo di vivere
il femminismo sottolineando consapevolmente l'attività delle
donne in ambito sia fotografico che nello spettacolo. Vivevo il
panorama politico e sociale di allora non dentro un gruppo preciso
squisitamente femminista, tastavo il terreno attraverso esperienze
culturali molto diversificate.
Sullo specifico femminile in fotografia mi soffermerei sulla scarsa
presenza delle fotografe in ambito internazionale, parlo di musei,
grandi mostre, editoria. Il panorama è forse cambiato nei confronti
delle generazioni più giovani che si pongono con atteggiamenti,
pratiche e relazioni in modo diverso, più deciso e maturo in
generale. Per le grandi mostre si sceglie una donna qua e là per
assolvere alle quote rosa, per così dire, ma non per aver tracciato,
ad esempio all'interno della storia dell'arte, un percorso in cui
il contributo femminile abbia il posto che merita, che dovrebbe
essere chiaro a tutti ormai, anzi.

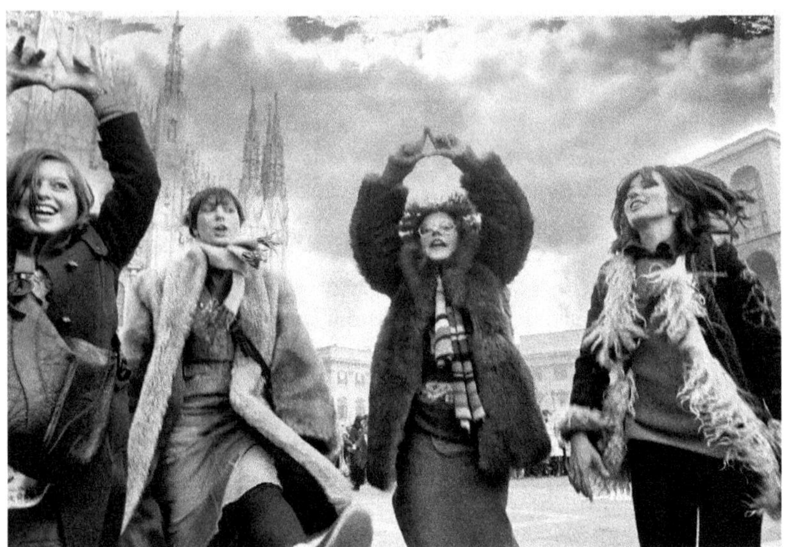

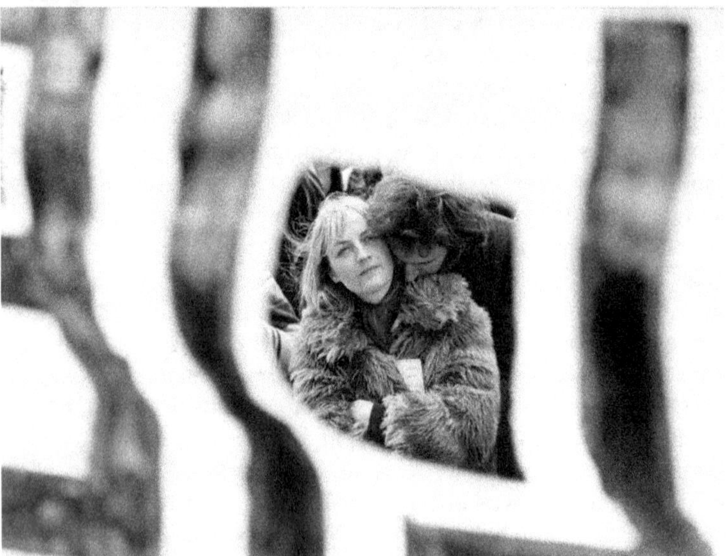

Marzia Malli, *Manifestazione femminista in Piazza Duomo*, 1976

Marzia Malli

Ho iniziato la mia attività fotografica nei primi anni '70
come fotoreporter, con una particolare attenzione alle
tematiche sociali e al mondo delle donne, documentando
le manifestazioni femministe, l'occupazione delle case, i
temi legati all'emancipazione femminile e, avendo già una
figlia piccola, anche quelli che mi riguardavano da vicino,
come la gestione degli asili e scuole a tempo pieno. Nel
1974 divento socia dell'agenzia di DFP- Documents for
Press - contribuendo a raccontare la storia di quei giorni,
tra impegno politico e professionale, sempre con grande
passione, collaborando con le maggiori testate dell'epoca
italiane internazionali. Verso la fine degli anni '70 con alcune
amiche fotografe (allora in Italia ce n'erano veramente poche)
abbiamo fondato il Collettivo Donne Fotoreporter di Milano,
portando avanti i progetti comuni come la realizzazione di
un audiovisivo ed alcune mostre sul tema del ruolo della
donna nella fotografia (fotografe/fotografate) e un reportage
sul mondo delle casalinghe, affrontato da ognuna con uno
stile personale, attraverso gli oggetti e i gesti quotidiani. Io
avevo scelto il tema del "tempo libero", contattando vicine e
conoscenti e accorgendomi successivamente che molte donne
utilizzavano il loro tempo libero per fare qualcosa di utile, la
creatività al servizio degli altri. Ho sempre amato fotografare
le donne, volevo mettere in risalto il loro lato creativo e
la soddisfazione di fare qualcosa con le proprie mani, un
lato sorridente e comunicativo. Dopo un lungo periodo,
in cui ognuna di noi ha intrapreso strade diverse, ci siamo
casualmente ritrovate per merito di Giovanna Calvenzi, e sono
molto contenta che si sia rinnovata l'amicizia e la voglia di
riproporre i nostri lavori, ancora molto attuali e che destano
grande interesse nelle nuove generazioni. Io ho continuato
negli anni '80 il mio viaggio fotografico realizzando immagini
per l'editoria femminile, le riviste di arredamento, libri di fiori
e giardini, ritratti di personaggi, scrittori e artisti e ho avuto il
privilegio di lavorare tanti anni in uno Studio a luce naturale,
tra i più antichi di Milano, l'ex Studio Tollini.

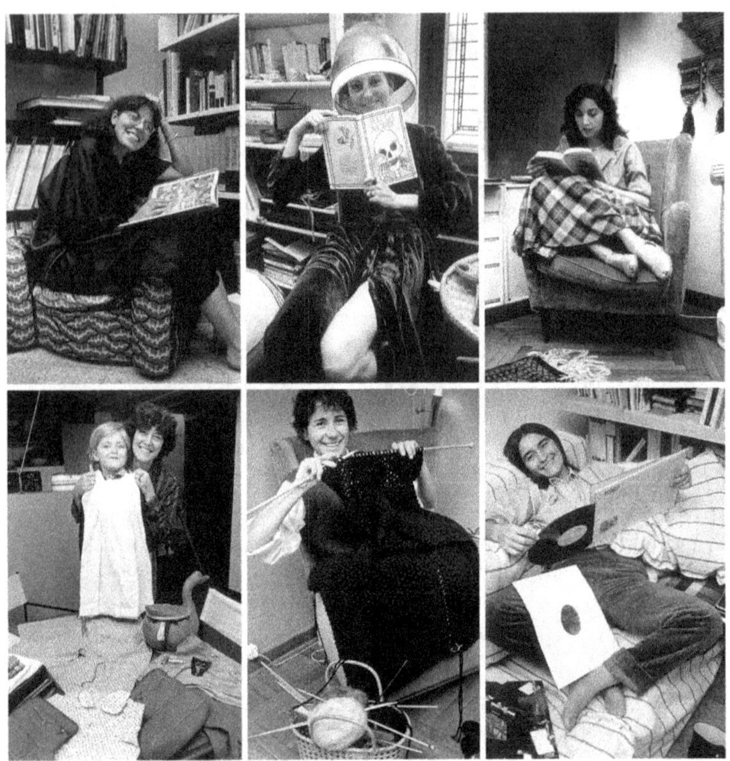

Collettivo Fotoreporter. Da sx: 1 Giovanna Calvenzi, 2 Livia Sismondi, 3 Liliana Barchiesi, 4 Kitty Bolognesi, 5 Laura Rizzi, 6 Marisa Chiodo

Ho sempre amato fotografare le donne in viaggio, al lavoro
in fabbrica, nelle manifestazioni, nelle scuole, nei gesti della
vita quotidiana, scegliendo comunque un approccio e un
linguaggio non drammatici, perché amo rappresentare la
bellezza e la serenità e raccontare l'armonia trasmettendo
emozioni, con un approccio più emotivo e non cerebrale.
Una testimonianza visiva che vuole raccontare la forza delle
emozioni, tra atmosfere sognanti e simboliche. La mia visione
del mondo, alla ricerca della bellezza, forse un po' enigmatica
ma profonda.
Ora sono molto interessata a temi come l'autoritratto,
l'ambiente, la cura che raccontano ed indagano una tematica
femminile/femminista che le donne hanno sempre amato
molto.
Mi è sempre piaciuto lavorare con altre persone, attualmente
faccio parte dell'Associazione Donne Fotografe Italiane e con
un gruppo di altre fotografe milanesi collaboriamo con la Casa
delle Donne, progettando mostre e pubblicazioni. Sarei felice
se le mie foto potessero essere utili alle generazioni future
attraverso mostre, libri, collezioni museali e convegni, che
promuovano nuove iniziative perché venga rivolta la giusta
attenzione alla ricchezza del lavoro delle donne fotografe,
finora poco considerate; anche piccole cose, che possano però
contribuire al cambiamento.
Posso dire che una visione femminista mi ha sempre
accompagnato nelle mie scelte di vita in quasi cinquant'anni di
fotografia.

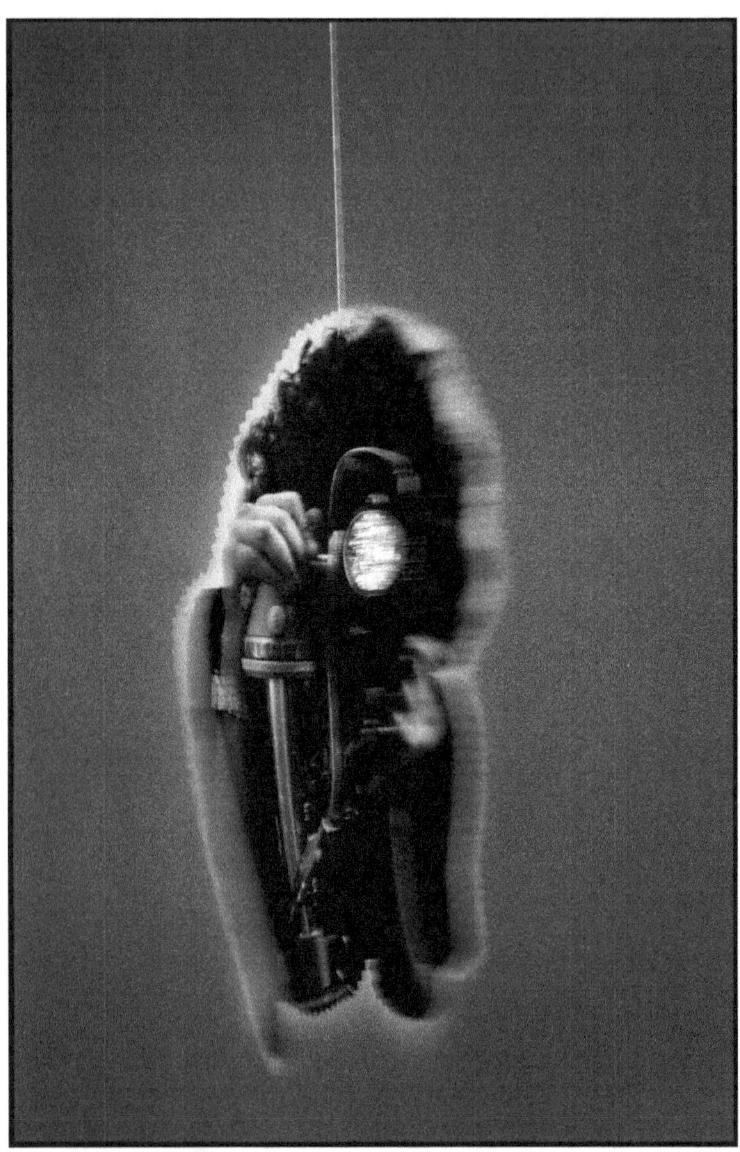

Paola Mattioli, *Autoritratto / 6*, 1977

Paola Mattioli

Grazie a Giovanna Calvenzi, Gabriella Guerci e Cristina Casero
per l'invito, e anche per aver scelto il mio *Autoritratto* del '77 come
immagine guida del Convegno - mi ha fatto molto piacere.
Per quanto riguarda me personalmente devo ringraziare in
particolare Cristina Casero e Raffaella Perna, per l'attenzione che
hanno dedicato in questi anni al mio lavoro.
Vorrei anche ringraziare tutte insieme le relatrici del Convegno
perché rappresentano quella nuova generazione di storiche e critiche
dell'arte che ha focalizzato i propri studi sull'arte delle donne con
particolare attenzione agli scritti e ai nodi teorici sviluppati dalle
scrittrici del femminismo della differenza - basta pensare alla recente
rilettura dei testi di Carla Lonzi. Noto che curiosamente questa
letteratura che è molto ampia - che per me funziona da baricentro -
e che vede una gran richiesta da parte delle studentesse di discipline
storiche e curatoriali, riscuote poco l'interesse delle fotografe,
persino delle giovani.
Per essere vicina al titolo del convegno "Rispecchiamento, indagine
critica, testimonianza" propongo qui una fotografia della serie
Sara è incinta, del '77, perché mi ricorda un episodio che potrebbe
contribuire a farci vedere, con semplicità, cosa si può intendere per
"sguardo delle donne", parola per alcune qui al Convegno ancora
controversa.
Erano i primi anni Ottanta, stavo cercando una donna incinta al
nono mese, disposta a posare per una campagna pubblicitaria della
linea Chicco; dove potevo trovarla? in un consultorio; sono andata,
ma, dato che si trattava di una foto di nudo, mi hanno fatto qualche
difficoltà; no, no, non ci fidiamo, noi abbiamo le "nostre" fotografie,
non vogliamo occhi esterni alla nostra pratica, che è una pratica
politica tra donne, sulla salute.
Chiedo di farmi vedere le loro immagini… mi mostrano le foto:
sono le mie! è la serie di Sara!
Non nascondo un momento di orgoglio, ma anche di spaesamento:
non erano più le mie fotografie, erano le loro. Mi è parso bello.
Facevano parte, come questa che vedete, della serie *Sara è incinta*,
un racconto sui cambiamenti del corpo di Sara che aspettava un
bambino, visto attraverso il confronto con il corpo di un'amica.

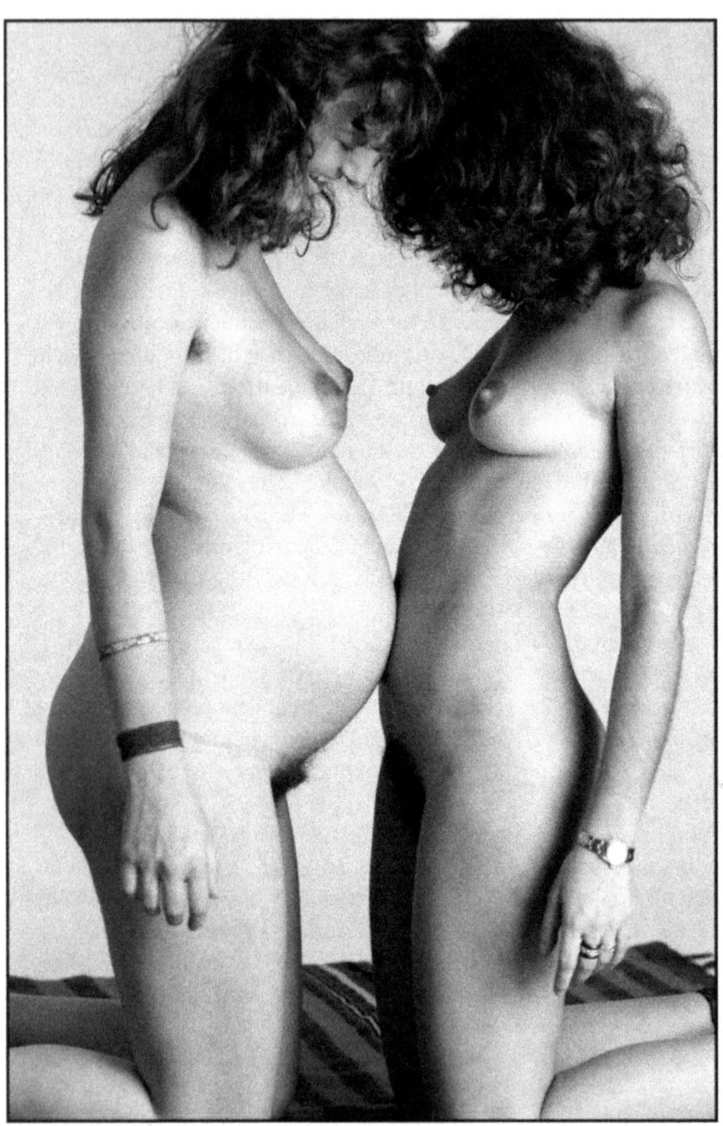

Paola Mattioli, *Sara è incinta / 7*, 1977

Dicono fiducia, grande confidenza, nuovi occhi delle donne nel guardare il loro corpo. Oggi potrebbero dirmi anche altre cose: per esempio di una differenza tra i due corpi l'uno generativo, l'altro non necessariamente, e suggerire anche altri tipi di generatività. Non ci crederete, ma ancora oggi alcune fotografie di questa serie - questa in particolare - mi sono state censurate. Come dire che due donne nude viste da uno sguardo di donna rappresentano ancora qualche cosa di inaudito - per me è un grande omaggio - vuol dire che contengono ancora, dopo più di 40 anni, qualcosa di "sovversivo".

Nel mio percorso non ho esplorato la strada della denuncia e poco quella del reportage, ho piuttosto provato a disegnare noi stesse, giovani donne in un momento di svolta storicamente "sensazionale" - che fosse un momento sensazionale io l'ho capito dopo, molto dopo - all'epoca mi sembrava nell'ordine delle cose e dei nostri pensieri.

Così ho girovagato per *Pance* e *Autoritratti*, per *Specchi, Identificazioni e Ritratti*, ho sfiorato la *Jouissance* fino a arrivare a *Statuine, Madonne* e *Striptiseauses*, e a tante altre storie di donne e di uomini, guadagnando così uno sguardo posizionato; penso che questo itinerario mi sia stato indicato e suggerito dalle filosofe e dalle artiste che ho incontrato via via.

Donata Pizzi

Io non c'ero..
Ero distratta? In una scuola privata? Troppo giovane?
Troppo lontana in un altro paese?
Non ho vissuto in prima persona nessuna delle lotte
femministe, ma sicuramente ho goduto delle conquiste: sono
arrivata in università e nel mondo del lavoro già attrezzata,
la strada spianata da chi aveva combattuto pochi anni prima.
Neppure mi sono resa ben conto di quanto fosse stato
conquistato; solo molto più tardi ho capito l'abisso che si è
attraversato negli anni Settanta, la differenza tra ciò che è
stato prima e dopo il '68.
Quando ho cominciato a pensare la collezione (Fotografe
Italiane 1965-2015) è subito emerso come il decennio
cruciale, il punto nevralgico fosse proprio quello tra il 1965
e il 1975. Molto della fotografia che mi interessa è nato in
quegli anni: l'impegno politico, la lotta comune, la macchina
fotografica come strumento alla portata di tutte per arrivare
a tutte con il linguaggio più semplice, diretto e potente.
L'energia di Lisetta Carmi, l'ironia di Lucia Marcucci,
Agnese De Donato e Bianca Menna, la critica politica e
sociale di Carla Cerati e Paola Mattioli, la rivalsa in *Regalità*
di Marcella Campagnano, la demistificazione allegra e colta
nel lavoro di Libera Mazzoleni, Nicole Gravier e Liliana
Barchiesi sono le colonne portanti della raccolta, lavori
che aprono la strada ad artiste altrettanto importanti negli
anni immediatamente successivi: Marialba Russo, Letizia
Battaglia, Paola Agosti, Giovanna Borgese e tante altre
compagne.

A me è mancata la militanza, la sorellanza, il divertimento
anche, mi è mancato di poter ragionare e muoversi in
gruppo su temi condivisi e questo *vulnus* forse non potrò
rimarginarlo. O forse sì, anche da adulta, anche oggi,
voglio continuare a combattere a modo mio, continuando
a costruire con l'aiuto di tante, perché è evidente che c'è
ancora da recuperare ed è pericoloso non mantenere alta
l'attenzione e la tensione.

La Collezione soprattutto nella sua parte femminista mi
ha dato personalmente una grandissima nuova forza, ma
mi pare anche abbia avuto un ruolo utile nell'evidenziare
il valore del contributo delle donne alla scena politica,
artistica e sociale proprio a partire da quegli anni cruciali.

L'interesse del pubblico e la curiosità cominciano ad essere
molto vivaci: mentre la voglia di conoscere e studiare
cresce, le occasioni per mostrarsi sono ancora troppo
isolate. Spero per tutte noi e per le ragazze di domani una
scena sempre più vasta e attenta.

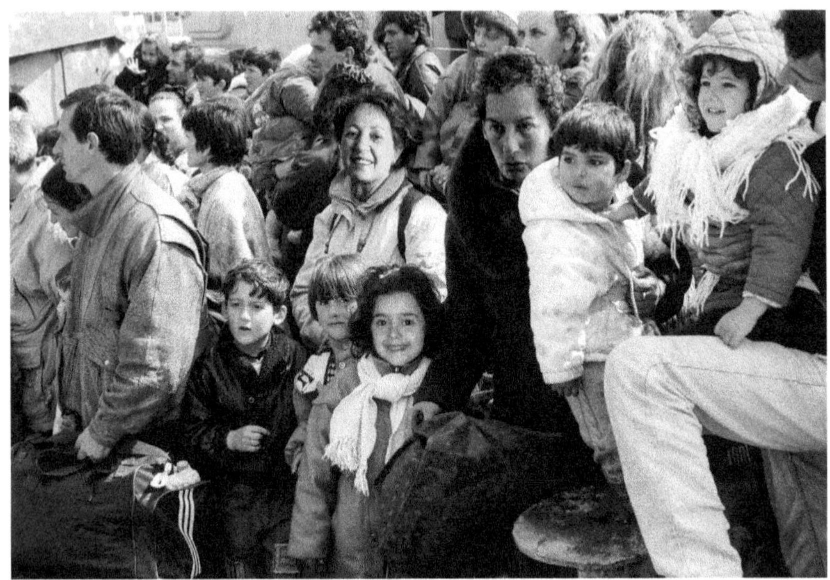

Agnese Purgatorio, *Fronte dell'est*, 2007

Agnese Purgatorio
Simmetrie, rispecchiamento, contaminazione:
un percorso sulle affinità

Da quando ho cominciato il mio percorso d'artista ho
sempre pensato agli anni Settanta come ad una fucina di
sperimentazione; la riflessione sulle questioni di genere, il
corpo, la relazione con l'altro, la rivalutazione politica del
privato, la messa in discussione dei linguaggi visivi e verbali.
Un periodo ricco di personalità fuori dal comune, anche
grazie alla ricerca identitaria centrale nella rinascita dello
sguardo. Tra le tante artiste Ketty La Rocca e Gina Pane mi
hanno colpito molto, ma Lisetta Carmi in modo particolare.
Ho scoperto il suo lavoro nel 1987, ero molto giovane, e
sono rimasta affascinata dai suoi racconti, dai suoi libri, per
quegli anni rivoluzionari. Il suo sguardo ha fatto emergere
tematiche anticipatrici e provocatorie, la parte trasgressiva
e nascosta della vita, raccontando semplicemente la
condizione di essere umani, con un approccio intimo e
personale che puntava a superare ogni stereotipo. Con
il passare degli anni ho avuto spesso la possibilità di
confrontarmi con lei, di appropriarmi di frammenti di
racconti, introiettandoli ed elaborandoli in seguito nelle
mie immagini. Ho mescolato i codici espressivi, ho cercato
di infrangere i sistemi costituiti, sempre alla ricerca di
un rinnovamento formale e linguistico. Ho dato alla mia
ricerca una diversa valenza nelle scelte estetiche e formali e
nell'interpretazione concettuale.
Fronte dell'est per me rappresenta tutto questo, ed è
stata la prima serie, dei miei lavori, dedicata all'idea
dell'artista clandestino. Fotografie manipolate digitalmente,
soprapposte su vari livelli, a partire da negativi analogici
in bianco e nero realizzati 10 anni prima. Sulle carrette
del mare, di fine anni 90, volti noti di artisti si mescolano
alle facce anonime dei migranti. L'immagine si trasforma
così in un continuo, interminabile e virtualmente infinito

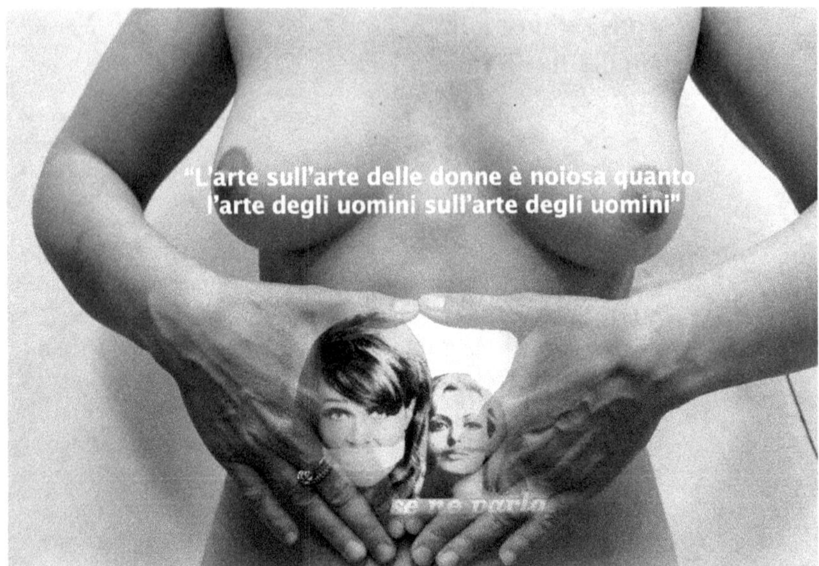

Agnese Purgatorio, *Torino Istanbul Teheran*, 2010

montaggio, una forma mobile in perenne trasformazione. Una delle prime artiste a cui ho raccontato il mio progetto e che ho portato con me sulla nave dei migranti è stata proprio Lisetta Carmi, con lei ho avuto un dialogo costante fin dal 1987, per questo ho trascritto nel catalogo della mostra le sue parole, inviatemi con una lettera:

> *Agnese amica mia! Mi hai immesso in un mondo di "diversi", di "clandestini," un mondo nel quale mi sono sempre riconosciuta. Di questo mondo continuo a fare parte nel silenzio, nel suono di una sola nota in cui brilla il volto del nulla.*

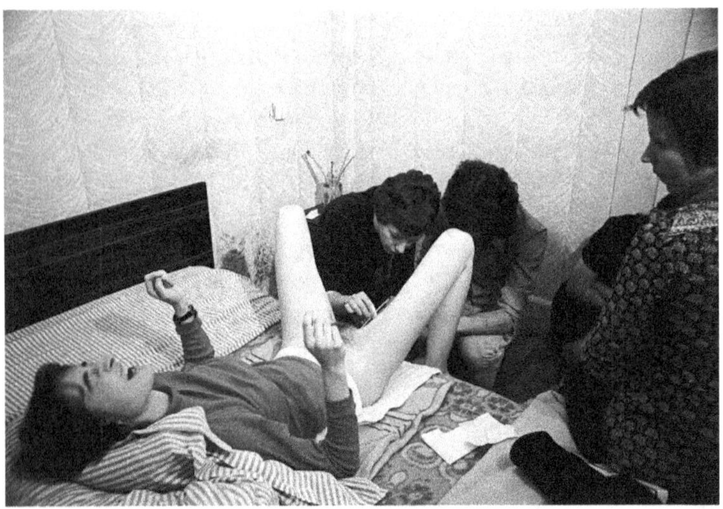

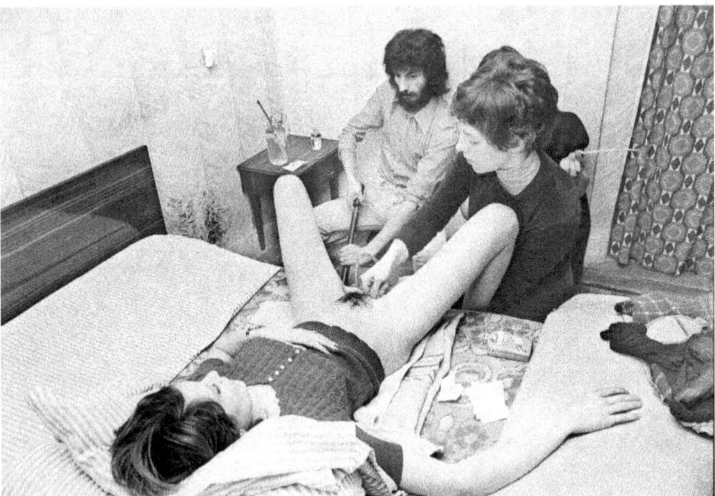

Livia Sismondi, *Aborto illegale praticato a domicilio dall'associazione M.L.A.C. (Mouvement Libération Avortement et Contraception). Metodo Karman per aspirazione praticato attraverso una pompa da bicicletta*, Parigi 1975

Livia Sismondi

Per destino, e per mia fortuna, sono nata nel bel mezzo del secolo
scorso.
Il mio percorso scolastico, fino alla maturità e ad un passaggio
dall'Università, s'è svolto tra Roma e Parigi.
Dopo diverse esperienze di lavoro, sono venuta a vivere a Milano e
ho iniziato a dedicarmi alla fotografia dal 1975, condividendone la
passione con il mio compagno di allora.
Sono gli anni caldi, della militanza politica, dell'emergere di
importanti movimenti di protesta. È stato quasi inevitabile
cominciare a fare i miei primi passi fotografici nel reportage sociale.
Il mio sguardo si è soffermato, fin da quegli inizi, ad indagare
la condizione femminile e le lotte delle donne per l'ottenimento
dell'aborto e del divorzio: fu proprio attraverso la fotografia che mi
avvicinai al Movimento Femminista.
Vendevo i miei reportage tramite l'agenzia fotogiornalistica DFP,
molto impegnata politicamente, che mi suggerì di documentare le
lotte delle donne. Fu così che mi ritrovai ad eseguire un reportage
sugli aborti clandestini praticati a Parigi, organizzati dal Movimento.
Tra il 1976 e il 1980 con alcune colleghe fotografe, le poche che
esistevano a Milano, abbiamo dato vita al "Collettivo Donne
Fotoreporter" per realizzare insieme alcuni progetti e descrivere
fotograficamente la condizione femminile.
Era questa l'occasione per un arricchimento e un confronto
reciproco, con l'intento di arrivare ad un identico modo di porci
dietro l'obiettivo per rappresentare le molte facce della realtà delle
donne.
La tecnica e la qualità dell'immagine erano di secondaria
importanza: prioritaria era la condivisione di un progetto di
indagine alla ricerca di un metodo comune.
In quanto fotografa che fotografava donne e tematiche femminili,
l'approccio era senz'altro più semplice, mediato dal fatto che ci si
riconosce più o meno in quello che si fotografa: vedi i tuoi stessi
condizionamenti, trovi similitudini e curiosità.

(Ho continuato a fare la fotografa freelance fino al 1988,
collaborando con le maggiori testate italiane, anche su commissione.
Dal 1988 sono stata assunta in una casa editrice specializzata nel
settore della moda con il ruolo di redattrice-photo editor).

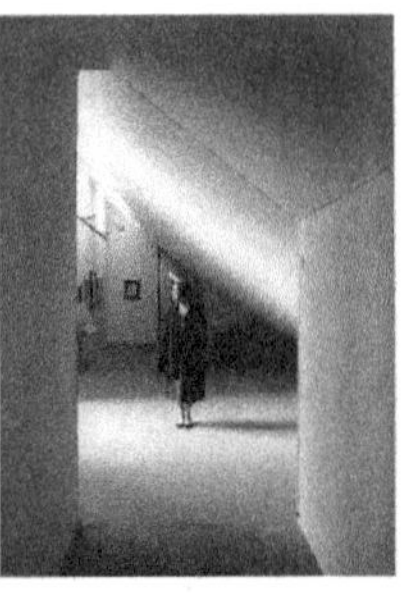

Angela Maderna

L'altra metà dell'avanguardia
quarant'anni dopo

Postmedia Books 2020
isbn 9788874902712

Molte di queste donne hanno lavorato al posto dei mariti, al posto dei fratelli, al posto degli amanti e molte cose che noi vediamo firmate al maschile sono state fatte da loro, c'è da chiedersi perché l'oblatività delle donne è così feroce verso di loro, però questo è un altro discorso ancora.
_ Lea Vergine

Il libro di Angela Maderna ricostruisce la storia della celebre mostra internazionale curata da Lea Vergine *L'altra metà dell'avanguardia 1919-1940*. Pittrici e scultrici nei movimenti delle avanguardie storiche, che si tenne a Milano in Palazzo Reale nel 1980, il cui eccezionale allestimento fu progettato da Achille Castiglioni, con l'aiuto di Grazia Varisco, ideatrice della grafica. Nei quattro capitoli in cui si articola, attraverso materiali d'archivio e testimonianze, il testo racconta la sua genesi, a partire dalla lunga ricerca svolta dalla curatrice per ricostruire il profilo di artiste escluse dalla storia dell'arte, il contesto storico-critico e il dibattito suscitato all'epoca, quanto l'eredità della mostra. Basato su una doppia temporalità, il volume si muove tra passato e presente e offre al lettore la possibilità di poter giudicare oggi, a quarant'anni di distanza e in un contesto generale profondamente cambiato, l'attualità e la necessità di quella ricerca. E ci interroga appunto sul lascito di quell'esperienza; sul posto che occupano oggi le donne all'interno di un sistema dell'arte globalizzato, se, come mette in risalto Maderna, ancora oggi nei manuali italiani di storia dell'arte e nelle enciclopedie online risulta più che esigua la presenza delle protagoniste de *L'altra metà dell'avanguardia*.
_ Lucilla Meloni

in questa collana

Nicolas Bourriaud, *L'exforma*, 2016

Roberto Pinto, *Artisti di carta*, 2016

Molly Nesbit, *Il pragmatismo nella storia dell'arte*, 2017

Teresa Macrì, *Fallimento*, 2017

AA.VV., *Arte fuori dall'arte*, 2017

AA.VV., *Roberto Daolio. Aggregati per differenze (1978-2010)*, 2017

Elio Grazioli, *Infrasottile. L'arte contemporanea ai limiti*, 2018

Alessandro Demma, *Il museo come spazio critico. Artista-Museo-Pubblico*, 2018

Luca Palermo, *Arte in movimento. Gli anni Settanta in Campania*, 2018

Valentina Rossi, *Tate Modern. Pratiche espositive*, 2019

Cosetta Saba, *Carmelo Bene. Cinema, arti visive, happening, teatro*, 2019

Lucilla Meloni, *Le ragioni del gruppo*, 2020

Lucilla Calogero, *Documentario interattivo. Design e spazio del reale espanso*, 2020

Angela Maderna, *L'altra metà dell'avanguardia quarant'anni dopo*, 2020

Miryam Criscione, *Il libro fotografico in Italia*, 2020

Elisabetta Longari, *Dario Trento. Una storia aperta*, 2020

Fotografia e femminismo nell'Italia degli anni Settanta.
Rispecchiamento, indagine critica e testimonianza
a cura di Cristina Casero

postmedia books 2021
180 pp. 90 ill.
isbn 9788874903023

Comitato scientifico

Anna Barbara (Politecnico di Milano)
Luca Caminati (Concordia University, Montreal)
Cristina Casero (Università di Parma)
Emanuele Coccia (Centre d'Histoire et de Théorie des Arts, Parigi)
Emanuela De Cecco (Libera Università di Bolzano)
Roberto Pinto (Università di Bologna)
Cosetta Saba (Università di Udine)
Carla Subrizi (Sapienza Università di Roma)

Finito di stampare nel mese di maggio 2021
presso *Ebod*, Milano

Postmedia Srl
Milano
www.postmediabooks.it

www.ingramcontent.com/pod-product-compliance
Lightning Source LLC
LaVergne TN
LVHW011012200726

843509LV00011B/1067